营运资本管理策略与实践研究

余 杰　简勇辉　杜 佳　著

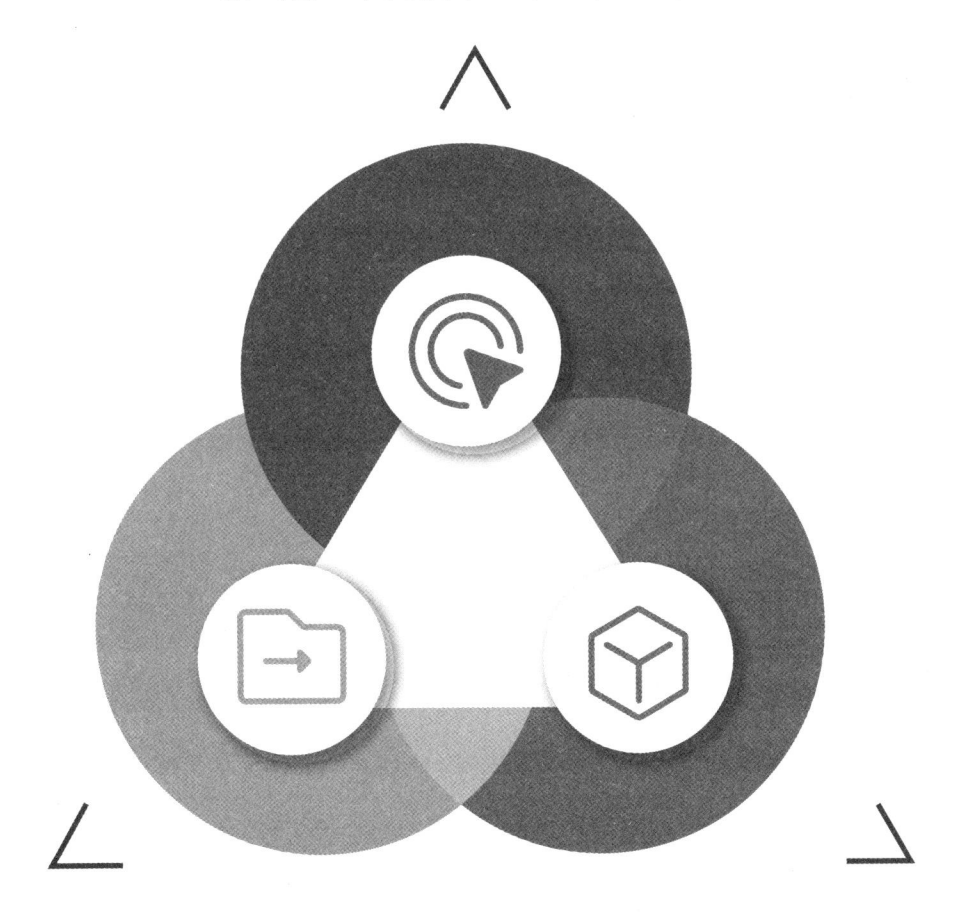

延吉·延边大学出版社

图书在版编目（CIP）数据

营运资本管理策略与实践研究 / 余杰，简勇辉，杜佳著. -- 延吉：延边大学出版社，2025.1. -- ISBN 978-7-230-07919-8

Ⅰ．F275.6

中国国家版本馆CIP数据核字第2025RZ3496号

营运资本管理策略与实践研究

著　　者：	余　杰　简勇辉　杜　佳
责任编辑：	侯琳琳
封面设计：	文合文化
出版发行：	延边大学出版社
社　　址：	吉林省延吉市公园路977号
邮　　编：	133002
网　　址：	http://www.ydcbs.com
E-mail：	ydcbs@ydcbs.com
电　　话：	0433-2732435
传　　真：	0433-2732434
印　　刷：	廊坊市广阳区九洲印刷厂
开　　本：	787毫米×1092毫米　1/16
印　　张：	12.75
字　　数：	200千字
版　　次：	2025年1月第1版
印　　次：	2025年1月第1次印刷
书　　号：	ISBN 978-7-230-07919-8

定　　价：78.00元

前　言

在当今瞬息万变的商业环境中,企业面临着前所未有的竞争压力和市场挑战。为了在这样的环境中生存发展,企业必须具备高效、灵活的营运资本管理能力。营运资本管理,作为企业财务管理的重要组成部分,直接关系到企业的现金流状况、资金利用效率以及整体财务稳健性。

营运资本管理的重要性不言而喻。它是企业日常运营中不可或缺的一环,涉及企业资金的筹集、运用和回收等各个环节。有效的营运资本管理能够确保企业拥有足够的流动资金以应对短期负债和日常经营需要,同时降低资金成本,提高资金使用效率。反之,营运资本管理不善可能导致企业面临资金链断裂的风险,甚至危及企业的生存。

本书首先从营运资本的基本概念出发,阐述了营运资本的定义以及营运资本管理的目标、重要性与原则。通过对营运资本循环的深入解析,读者可以清晰地了解营运资本在企业运营中的流转过程,以及如何通过优化营运资本循环来提升企业的运营效率。在营运资本需求分析部分,本书详细介绍了营运资本需求的计算方法,并探讨了影响营运资本需求的多种因素,包括行业特性、季节性变化等。这有助于企业更准确地预测和评估自身的营运资本需求,从而制定合理的融资策略。

短期融资策略是营运资本管理的重要环节。本书详细介绍了短期融资的特点与类型,以及银行短期借款、商业信用融资、短期融资券与票据贴现等具体的融资方式。同时,本书还强调了短期融资的风险管理,提醒企业在追求资金效率的同时，必须注意防范和控制风险。营运资本结构优化是提升企业财务绩效的关键。本书通过分析营运资本结构，提出了优化方法，并探讨了资本成本与资本结构决策的关系。此外，本书还介绍了营运资本政策的选择和调整措施，为企业提供了具体的操作指南。在营运资本预算与控制方面，本书强调了预算编制的重要性，并介绍了预算的执行与监控方法，以及成本控制技巧。这有助于企业实现资金的有效配置和成本控制，提高整体运营效率。营运资本风险管理是本书的重点之一。本书详细介绍了如何识别、评估和应对营运资本风险，包括流动性风险、信用风险、市场风险和汇率风险等。同时，本书还提出了建立营运资本风险预警系统的建议，以帮助企业及时发现和防范潜在风险。

最后，本书探讨了营运资本管理的信息化和绩效评价问题。通过介绍信息系统的构建、ERP系统的应用以及大数据、人工智能等新技术在营运资本管理中的作用，本书为企业提供了现代化的管理手段和方法。同时，通过建立科学的绩效评价体系，企业可以激励和约束管理人员和财务人员更好地履行营运资本管理职责。

目　录

第一章　营运资本管理概述 …………………………………… 1
第一节　营运资本概述 ………………………………………… 1
第二节　营运资本管理的目标、重要性与原则 ……………… 7
第三节　营运资本管理的作用 ………………………………… 15

第二章　营运资本需求分析 …………………………………… 18
第一节　营运资本需求的计算方法 …………………………… 18
第二节　影响营运资本需求的因素 …………………………… 22
第三节　不同行业营运资本需求的特点与管理策略 ………… 32

第三章　营运资本结构优化与调整 …………………………… 39
第一节　营运资本结构概述 …………………………………… 39
第二节　营运资本结构优化 …………………………………… 45
第三节　营运资本结构调整 …………………………………… 47

第四章　营运资本预算与营运资本成本控制 ………………… 60
第一节　营运资本预算的构成、计算与编制 ………………… 60
第二节　营运资本预算的滚动更新、调整、执行与监控 …… 65
第三节　营运资本成本控制技巧 ……………………………… 73

第五章　营运资本风险管理 …………………………………… 79
第一节　营运资本风险识别与评估 …………………………… 79
第二节　营运资本流动性风险的管理与应对 ………………… 88

第三节　营运资本信用风险管理与防范 ················· 95
　　第四节　营运资本市场风险与汇率风险管理 ············· 106
　　第五节　营运资本风险预警系统 ······················· 111

第六章　营运资本管理信息化 ····························· 120
　　第一节　营运资本管理信息系统的构建 ················· 120
　　第二节　ERP系统在营运资本管理中的应用 ············· 130
　　第三节　大数据与人工智能在营运资本管理中的应用 ····· 137
　　第四节　云计算与营运资本管理创新 ··················· 147
　　第五节　营运资本管理中的信息安全与数据保护 ········· 154

第七章　营运资本管理绩效评价 ··························· 163
　　第一节　营运资本管理绩效评价指标 ··················· 163
　　第二节　营运资本管理绩效评价体系的构建 ············· 171
　　第三节　营运资本管理绩效评价结果的反馈与应用 ······· 177
　　第四节　营运资本管理绩效评价中的激励与约束机制 ····· 185

参考文献 ·· 193

第一章 营运资本管理概述

第一节 营运资本概述

一、营运资本的基本概念、构成要素及筹资策略

营运资本，也称为营运资金或运转资本，是企业日常运营活动所必需的流动资金总和。它不仅是企业流动性的重要指标，也是企业进行投资和扩张的重要基础。营运资本的管理直接关系到企业的短期偿债能力、运营效率及经济效益，因此，深入理解其基本概念、构成要素与筹资策略对于企业的财务管理至关重要。

（一）营运资本的基本概念

营运资本是指企业在正常运营过程中，维持生产经营的正常流程所需的流动资金总和。从广义角度讲，营运资本包括流动资产和流动负债两部分，其净额即为净营运资本，净营运资本的计算公式为：净营运资本=流动资产-流动负债。流动资产主要包括现金、存货、应收账款、预付款项等能在短期内转化为现金的资产，流动负债则包括应付账款、短期借款、预收

款项等需要在短期内偿还的负债。

（二）营运资本的构成要素

1. 流动资产

流动资产是企业短期内可以变现的资产，主要包括以下几类：

（1）现金及现金等价物，包括企业库存的现金、银行存款以及可随时转换为现金的短期投资等。现金及现金等价物是企业流动性最强的资产，能够直接用于支付短期债务和日常运营费用。

（2）应收账款，指企业在销售商品或提供服务后，尚未收回的账款，是企业营运资本的重要组成部分，其回收速度直接影响到企业的现金流状况。

（3）存货，包括原材料、半成品和成品。存货是企业生产经营的重要组成部分，也是营运资本的重要占用部分。有效的库存管理对于提高资金周转率、减少资金占用具有重要意义。

（4）预付款项，指企业为了获得某些商品或服务而预先支付的款项。预付款项虽然在短期内减少了企业的可用资金，但有助于确保供应链的稳定和生产的顺利进行。

2. 流动负债

流动负债是企业短期内需要偿还的债务，主要包括以下几类：

（1）应付账款，指企业在购买商品或接受服务后，尚未支付的账款。应付账款是企业利用商业信用进行融资的一种手段，有助于缓解短期资金压力。

（2）短期借款，指企业向银行或其他金融机构借入的期限在一年以内的借款。短期借款具有期限短、利率相对较低的特点，是企业满足短期资金需求的重要途径。

（3）预收款项，指企业在销售商品或提供服务前预先收到的款项。预收款项虽然在短期内增加了企业的可用资金，但企业也需要承担相应的履约义务。

（三）营运资本的筹资策略

营运资本的筹资策略是指如何为流动资产筹资，是采用短期资金来源还是长期资金来源，或者兼而有之。常见的营运资本筹资策略包括适中型、保守型和激进型三种：

（1）适中型筹资策略。对于波动性流动资产，用临时性负债筹集资金；对于稳定性流动资产和长期资产，用权益资本、长期债务和经营性流动负债筹集资金。

（2）保守型筹资策略。短期金融负债只融通部分波动性流动资产的资金需要，另一部分波动性流动资产和全部稳定性流动资产则由长期资金来源支持。极端保守的筹资策略完全不使用短期借款，全部资金都来自长期资金来源。

（3）激进型筹资策略。短期金融负债不但融通临时性流动资产的资金需要，还解决部分长期性资产的资金需要。极端激进的筹资策略是指全部稳定性流动资产都来自短期借款。

二、营运资本在企业运营中的作用

营运资本作为企业日常运营不可或缺的一部分，其作用至关重要。它不仅是企业流动性的核心体现，更是企业实现稳健运营、持续发展和应对市场挑战的重要基石。

顾名思义，营运资本是维持企业正常运作的资金。它如同企业的血液，贯穿于生产、销售、回款等各个环节，为企业的日常经营活动提供源源不断的能量。无论是原材料的采购、产品的生产、库存的管理，还是销售网络的维护、客户服务的提供，都离不开营运资本的支持。因此，营运资本是企业运营活动的物质基础，是企业生存与发展的前提。

营运资本是企业短期偿债能力的重要指标。通过计算流动资产与流动负债的差额，可以直观地反映企业偿还短期债务的能力。当营运资本充足时，企业能够轻松应对到期债务的偿还压力，维护良好的信用记录，降低财务风险。相反，若营运资本不足，企业则可能面临资金周转困难的窘境，甚至陷入债务危机。因此，合理管理营运资本，确保其保持一个合理的水平，对于增强企业的财务稳健性具有重要意义。营运资本的管理过程实际上是企业资源优化配置的过程。通过对流动资产和流动负债的精细化管理，企业可以实现资源的合理配置和高效利用。例如，通过加强应收账款管理，缩短收款周期，减少坏账损失；通过优化库存管理，降低库存成本，提高存货周转率；通过合理安排短期借款和长期负债的比例，降低资金成本，提高资金使用效率。这些措施的实施，不仅有助于提升企业的运营效率，还能为企业创造更多的经济价值。

营运资本不仅是企业日常运营的资金保障，还是企业扩张与发展的重要支撑。当企业面临新的市场机遇或投资项目时，充足的营运资本可以为企业提供必要的资金支持，帮助企业抓住机遇，实现快速发展。通过有效的营运资本管理，企业可以积累更多的内部资金，降低对外部融资的依赖性，减少融资成本，为企业的长期发展奠定坚实的基础。市场环境复杂多变，企业时刻面临着各种不确定性和风险。营运资本作为企业的流动性"缓冲垫"，可以在市场波动和风险来临之际为企业提供必要的资金支持，帮助企业渡过难关。例如，当市场需求下降、产品销售不畅时，充足的营运资本可以确保企业有足够的资金维持正常运营，避免因资金链断裂而导致的破产风险。此外，营运资本还可以用于应对突发的自然灾害、政策变动等不可预见事件，确保企业的稳定运营。

营运资本在企业运营中扮演着连接供应、生产和销售的桥梁角色。它确保了原材料供应的及时性、生产过程的连续性和产品销售的顺畅性。当营运资本充足时，企业可以迅速响应市场需求变化，调整生产计划和库存策略，确保及时交付产品和满足客户需求。这种供产销的有效衔接不仅有助于提升企业的市场竞争力，还能促进企业内部的良性循环和持续发展。营运资本的状况在一定程度上反映了企业的经营质量和市场地位。一家营运资本充足、流动性良好的企业往往意味着其经营状况稳健、市场竞争力强、市场地位稳固。相反，营运资本不足的企业可能面临经营困难、市场地位下降的风险。因此，投资者、债权人等利益相关者通常会关注企业的营运资本状况以评估企业的经营风险和投资价值。

营运资本管理是企业财务管理的重要组成部分。通过加强营运资本管理，企业可以推动财务管理水平的提升。一方面，企业需要建立健全的内部控制体系，加强对流动资产和流动负债的监控和管理；另一方面，企业还需要不断优化筹资和投资策略，提高资金使用效率并降低融资成本。这些措施的实施有助于提升企业的财务管理水平，增强企业的综合竞争力。企业的战略目标往往与营运资本管理密切相关。例如，当企业实施扩张战略时，需要充足的营运资本来支持新市场的开拓和新产品的推广；当企业实施成本领先战略时，需要通过优化营运资本管理来降低库存成本、提高生产效率等。因此，加强营运资本管理有助于促进企业战略目标的实现，推动企业向更高层次发展。

三、营运资本对财务稳定性的影响

营运资本作为企业财务管理的核心内容之一，对维护企业的财务稳定性起着举足轻重的作用。它不仅关系到企业日常运营的顺畅，更是企业应对市场波动、抵御财务风险的重要保障。

资金流动性是企业维持财务稳定性的关键。营运资本作为企业运营中的流动资金，其周转速度和利用效率直接影响企业的资金流动性。合理的营运资本管理能够确保企业资金在采购、生产、销售等各个环节的顺畅流动，降低资金占用成本，提高资金使用效率。

企业的战略实施和业务拓展往往需要大量的资金投入。营运资本作为企业内部资金的重要来源，可以为企业的战略实施和业务拓展提供必要的资金支持。当企业拥有充足的营运资本时，可以更加自信地把握市场机遇，推动企业的持续发展。营运资本的管理还涉及企业的资本结构优化。通过合理安排流动资产和流动负债的比例，企业可以优化资本结构，降低融资成本。例如，当企业预计未来将有大量现金流入时，可以适当增加短期借款的比例，利用短期借款的低利率优势来降低资金成本。

第二节　营运资本管理的目标、重要性与原则

营运资本管理，简而言之，是对企业流动资产与流动负债进行的管理，旨在确保企业拥有足够的流动资金以维持日常运营，并满足短期偿债需求。这一管理过程涉及对现金、应收账款、存货等流动资产的有效利用，以及对短期借款、应付账款等流动负债的合理安排。

一、营运资本管理的核心目标及实现目标的策略

（一）营运资本管理的核心目标

营运资本管理作为企业财务管理的关键环节，其核心目标在于确保企业财务的稳定与持续发展。这一目标的实现，不仅关系到企业日常的顺畅运营，更关系到企业在面对市场波动、竞争压力以及突发事件时的应对能力和生存能力。

营运资本管理的首要目标是确保企业日常运营顺畅进行。这要求企业拥有足够的流动资金以支付各项运营费用，如原材料采购、生产加工、市场推广等。通过合理的营运资本管理，企业可以确保资金在各个环节顺畅流动，避免因资金链断裂而导致的运营中断。营运资本管理通过合理安排流动资产和流动负债的比例，确保企业拥有足够的资金来偿还即将到期的债务。这有助于维护企业的信誉，降低融资成本，并为企业的长期发展奠定基础。

营运资本管理旨在优化企业的资金结构，降低融资成本。通过合理安

排融资方式和融资期限，企业可以平衡短期借款和长期负债的比例，从而降低整体的资金成本。此外，通过有效的营运资本管理，企业还可以提高资金的使用效率，减少不必要的资金占用，进一步降低融资成本。市场环境复杂多变，企业时刻面临着各种风险。营运资本管理通过确保企业拥有足够的流动资金和合理的资金结构，提高抗风险能力。当出现市场波动或突发事件时，企业可以迅速调动资金应对风险，避免因资金链断裂而导致的财务危机。营运资本管理不仅关注企业的短期运营和偿债能力，还致力于支持企业的长期发展。通过有效的营运资本管理，企业可以释放更多的资金用于新产品研发、市场拓展、人才培养等长期投资活动，从而推动企业的持续发展。

（二）实现营运资本管理核心目标的策略

流动资产是企业营运资本的重要组成部分。加强流动资产管理，提高流动资产的使用效率，是实现营运资本管理核心目标的关键。企业可以通过加强应收账款管理、优化库存管理、提高现金使用效率等措施来加强流动资产管理。在应收账款管理方面，企业可以建立完善的收款机制，加强客户信用评估，实施有效的催收政策，以缩短收款周期，减少坏账损失。在库存管理方面，企业可以采用先进的库存管理系统，实施精益生产，加强与供应商的协同合作，以降低库存成本，提高存货周转率。在现金使用方面，企业应加强预算管理，合理安排资金支出，确保现金的充足性和流动性。

流动负债是企业营运资本的另一重要组成部分。合理安排流动负债，平衡短期借款和长期负债的比例，是实现营运资本管理核心目标的重要保障。企业应根据自身的经营特点和市场环境，选择合适的融资方式和融资期限,来降低融资成本并确保资金的稳定性。建立健全的内部控制体系和风险管理机制是实现营运资本管理核心目标的重要保障。企业应加强对流动资产和流动负债的监控和管理,确保资金的合理使用和及时回收。同时,企业还应建立风险预警机制,及时发现和应对潜在的市场风险,以降低市场风险对企业财务稳定性的影响。金融工具是优化营运资本管理的重要手段。企业可以利用票据贴现、应收账款保理等金融工具来加速资金回笼,提高营运资本的周转速度。此外,企业还可以利用信用保险、贸易融资等金融工具来降低运营风险和融资成本,从而进一步提高营运资本管理的效率。营运资本管理是一个持续改进和创新的过程。企业应密切关注市场环境的变化和自身经营特点的变化,不断调整和优化营运资本管理策略,通过引进先进的管理理念和技术手段,不断提高营运资本管理的效率和效果,从而更好地实现其核心目标。

二、营运资本管理的重要性

营运资本管理的重要性不言而喻。第一,它是企业良好运营的基石。没有足够的营运资本,企业将无法支付日常运营所需的费用,如工资、租金、采购款等,从而导致运营中断。第二,营运资本管理直接影响到企业的短期偿债能力。若企业无法按时偿还短期债务,将面临信誉受损、融资困难等严重后果。第三,营运资本管理还关系到企业的长期发展。通过有效的营运资本管理,企业可以优化资金结构,降低融资成本,为企业的扩张和创新提供资金支持。

三、营运资本管理的原则

（一）效益性原则及其在营运资本管理中的应用

1. 效益性原则的内涵

在企业的财务管理体系中，营运资本管理占据举足轻重的地位。它不仅关乎企业的短期财务健康，更直接影响到企业的整体运营效率和长期竞争力。效益性原则作为营运资本管理的核心指导原则之一，强调在资源有限的情况下，通过优化资本配置和使用效率，实现企业价值的最大化。

效益性原则，简而言之，就是在企业管理活动中追求投入产出比的最大化，即在保证质量和服务水平的前提下，尽可能降低成本、提高收益。在营运资本管理中，效益性原则体现为通过科学合理的资本配置和使用策略，提升资本周转速度，降低资金占用成本，从而增强企业的盈利能力和市场竞争力。

2. 效益性原则在营运资本管理中的应用策略

（1）优化流动资产结构

流动资产是企业营运资本的重要组成部分，包括现金、应收账款、存货等。优化流动资产结构、提高流动资产的使用效率，是效益性原则在营运资本管理中的首要应用策略。

企业应建立科学的现金预测模型，合理确定现金持有量，避免现金闲置造成的机会成本浪费。同时，通过加速应收账款回收、延迟应付账款支付等方式，提高现金周转速度，确保现金流的充足性和稳定性。实施严格的信用政策，对客户进行信用评估，确保赊销风险可控。加强应收账款的催收工作，缩短收款周期，降低坏账损失。此外，还可以考虑利用应收账款保理、应收账款证券化等金融工具，加速资金回笼。采用JIT（Just In Time）准时制生产模式，减少存货持有量，降低资金占用成本。同时，加强与供应商的协同合作，优化供应链管理，确保原材料的稳定供应和合理采购周期。利用先进的信息系统，如企业资源计划（ERP）系统，提高存货管理的准确性和效率。

（2）合理配置流动负债

流动负债是企业短期资金来源的重要组成部分，包括短期借款、应付账款等。合理配置流动负债、平衡短期借款和长期负债的比例、降低融资成本，是效益性原则在营运资本管理中的重要应用策略。

企业可以根据自身的资金需求和市场利率情况，合理选择短期借款的期限和利率，确保借款成本最低；可以通过建立良好的银企关系，争取更优惠的贷款条件；可以与供应商协商合理的付款期限，利用商业信用延迟付款，降低企业的资金压力；可以加强对应付账款的监控和管理，确保按时支付，维护良好的供应商关系。

（3）提升资本周转速度

资本周转速度是企业营运效率的重要体现。提升资本周转速度，缩短资本循环周期，可以降低资金占用成本，提高资金使用效率，进而提升企业效益。

第一，加速应收账款周转。通过优化销售策略、加强客户信用管理、提高收款效率等方式，缩短应收账款周转天数。

第二，优化存货管理。采用先进的库存管理系统和生产模式，减少存货的积压和浪费，提高存货周转率。

第三，加强供应链管理。与供应商和客户建立紧密的合作关系，实现供应链的协同管理，降低整个供应链的运营成本和时间成本。

（4）强化成本控制与效益分析

成本控制是效益性原则的核心内容之一。在营运资本管理中，企业应强化成本控制意识，建立全面的成本控制体系，对各项费用进行精细化管理和分析。

第一，建立成本控制制度。明确各项费用的开支标准和审批流程，严格控制非必要支出，降低运营成本。

第二，实施效益分析。定期对营运资本的使用情况进行效益分析，评估各项资本配置和使用策略的效果，及时调整优化策略。

第三，引入绩效考核机制。将营运资本管理效果纳入部门和员工的绩效考核体系，激励员工积极参与营运资本管理活动，提高整体管理效率。

（二）安全性原则与风险防范

1. 安全性原则概述

安全性原则作为营运资本管理的基石，强调在确保资金安全与完整的前提下，实现资金的有效配置和高效利用。

安全性原则要求企业在营运资本管理的过程中，确保资金的安全与完整，防止资金流失或被挪用。这是企业财务管理最基本也是最重要的原则之一。在营运资本管理中，安全性原则主要体现在以下几个方面：

（1）资金保全。企业必须确保资金在流转过程中不受到非法侵占或损失，保持其原有的完整性和价值。

（2）风险控制。通过建立健全的风险管理机制，识别、评估和控制营运资本管理过程中的各类风险，确保资金安全。

（3）内部控制。加强内部控制体系建设，规范资金审批流程，强化资金监管，防止内部舞弊和资金滥用。

2. 营运资本管理中的风险防范

在营运资本管理的过程中，企业面临着多种风险，包括市场风险、信用风险、流动性风险等。为了保障资金的安全性，企业必须采取有效的风险防范措施。

市场风险是指由市场价格波动、政策调整等因素导致的资本运营风险。为防范市场风险，企业可以采取以下措施：及时关注市场变化，掌握行业趋势和政策动态，为决策提供准确的信息支持；通过分散投资降低单一项目或资产类别带来的风险，企业可以将资本分配到不同的行业、地区和企业，降低对单一市场的依赖性；合理运用金融衍生品或其他工具，如通过期货、期权等金融工具，对冲特定风险，锁定成本或收益。

信用风险是指因借款方或债务人违约而导致的风险。为防范信用风险，企业可以采取以下措施：在与客户、供应商等交易对手合作前，对其进行全面的信用评估，了解其财务状况和信用记录；根据客户的信用状况设置合理的信用额度和信用期限，避免过度赊销导致的坏账损失；建立健全的应收账款管理制度，加强催收工作，缩短收款周期，降低坏账风险。

流动性风险是指企业无法及时获得足够的资金来满足其短期债务和经营需求。为防范流动性风险，企业可以采取以下措施：保持一定规模的现金储备，以应对突发的资金需求和市场波动；编制科学合理的资金预算计划，合理安排资金的使用和筹集，确保资金流动的平衡和稳定；合理安排短期借款和长期负债的比例，确保企业有足够的偿债能力，降低流动性风险。

3. 营运资本管理的安全性原则与风险防范的结合应用

在营运资本管理过程中，安全性原则与风险防范密不可分。企业应将安全性原则贯穿于风险防范的各个环节，确保资金的安全与完整。企业应建立完善的风险管理机制，对营运资本管理过程中的各类风险进行全面识别和评估。通过定期进行风险评估和风险预警，及时发现潜在风险并采取有效措施进行防范和控制。

内部控制是保障资金安全的重要手段。企业应建立健全的内部控制体系，明确各部门和岗位的职责和权限，形成相互制约和监督的机制。通过加强内部控制，规范资金审批流程，强化资金监管，防止内部舞弊和资金滥用。财务管理人员的专业素质直接关系到营运资本管理的效果。企业应注重培养和提高财务管理人员的专业素质，使其具备扎实的专业知识和丰富的实践经验。通过定期培训和学习交流，提升财务管理人员的风险意识和防范能力。企业应加强信息披露管理，提高信息披露的及时性、准确性和完整性。通过定期发布财务报告和重大事项公告，增加企业透明度，降低信息不对称风险。同时，加强与投资者、债权人等利益相关者的沟通与合作，共同维护企业的财务稳定。

第三节 营运资本管理的作用

一、营运资本管理对企业盈利能力的提升

在企业的财务管理中，营运资本管理占据着举足轻重的地位。它不仅关乎企业的日常运营，更是影响企业盈利能力的重要因素。有效的营运资本管理能够确保企业资金的高效流转，优化资源配置，进而提升企业的整体盈利能力。

营运资本管理涉及企业流动资产的配置和流动负债的管理。通过合理的资产配置，企业可以确保生产所需原材料的及时供应，避免生产中断；同时，通过优化生产流程，提高生产效率，降低生产成本，可以提升企业的盈利能力。营运资本管理的核心在于加速资金周转。通过加强应收账款管理，提高收款效率，能够减少坏账损失；同时，合理安排存货的采购和销售，可以避免存货积压，降低存储成本。以上措施都可以加速资金的周转，提高资金的使用效率，进而提升企业的盈利能力。

营运资本管理还有助于降低企业的财务风险。通过合理的负债管理，企业可以保持适当的负债水平，避免过度负债导致的财务危机；同时，通过加强对现金流量的监控和预测，企业可以及时发现并解决现金流量问题，确保企业的财务稳定性。这种稳定性为企业盈利能力的提升提供了有力的保障。营运资本管理还可以促进企业创新。通过优化资金配置，企业可以将更多的资金投入研发和创新活动中，推动企业的技术进步和产品创新。

这些措施有助于提升企业的市场竞争力，进而提升企业的盈利能力。

二、营运资本管理对企业风险的控制

在复杂多变的商业环境中，企业面临着来自市场、财务、运营等多个方面的风险。营运资本管理作为企业财务管理的重要组成部分，对于有效控制这些风险具有重要意义。

市场风险是指市场价格、利率、汇率等市场因素变动给企业带来的不确定性风险。营运资本管理通过优化资产配置和负债结构，可以在一定程度上缓解市场风险对企业的影响。例如，企业可以通过多元化投资组合来分散市场风险，将资金投向不同市场、不同行业或不同资产类别，从而降低单一市场或资产价格变动对企业的不利影响。此外，企业还可以通过合理的应收账款管理和存货管理，加速资金周转，提高资金利用效率，从而增强对市场变化的适应能力。财务风险是企业面临的主要风险之一，包括流动性风险、信用风险等。营运资本管理在财务风险控制中发挥着至关重要的作用。首先，通过合理的现金管理，企业可以确保拥有足够的现金流以应对突发情况和短期债务偿还需求，降低流动性风险。其次，通过加强应收账款管理，企业可以缩短收款周期，减少坏账损失，降低信用风险。同时，企业还可以通过合理的融资策略，如短期借款、应收账款融资等，来平衡资金需求和融资成本，进一步优化资本结构，降低财务风险。

运营风险是指企业在日常运营过程中可能遇到的各种不确定性风险，如供应链中断、生产事故等。营运资本管理通过对流动资产的精细管理，可以在一定程度上缓解运营风险。例如，企业可以通过建立合理的库存管理制度，避免库存积压和缺货现象的发生，确保生产活动的顺利进行。同时，企业还可以通过加强供应链管理，与供应商建立长期稳定的合作关系，提高供应链的可靠性和韧性，从而降低运营风险。企业在运营过程中还需要遵守国家法律法规和行业规范，避免因违法违规行为而引发的法律风险。例如，在融资过程中，企业需要遵守相关金融法规，确保融资活动的合法性和安全性。在应收账款管理和存货管理中，企业也需要关注《中华人民共和国民法典》和《中华人民共和国产品质量法》等法律法规的要求，确保交易活动的合法性和合规性。通过加强法律合规性管理，企业可以降低法律风险对企业的不利影响。

现金流是企业生存和发展的基础。企业应建立健全的现金流管理制度和预测机制，实时监控现金流量的动态变化，确保现金流的充足和稳定。同时，企业还应优化现金使用结构，提高现金利用效率，避免过度现金占用和浪费。

应收账款和存货是企业流动资产的重要组成部分，也是风险管理的关键环节。企业应建立完善的应收账款和存货管理制度，加强客户信用评估和催收管理，缩短收款周期，降低坏账损失。同时，企业还应优化存货结构，降低库存成本，提高存货周转率，确保生产活动的顺利进行。企业应根据自身财务状况和市场环境选择合适的融资方式和渠道，避免过度依赖单一融资来源。通过多元化融资渠道和策略，企业可以降低融资成本，提高融资效率，增强对于市场变化的适应能力。

企业应建立健全的内部控制制度和风险管理体系，确保各项管理制度的有效执行。通过加强内部控制和风险管理，企业可以及时发现并纠正潜在的风险和问题，降低风险发生的概率和损失程度。通过提高信息化水平，企业可以进一步提高营运资本管理的效率和准确性，降低管理成本和风险。

第二章 营运资本需求分析

第一节 营运资本需求的计算方法

一、营运资本需求的直接计算法与间接计算法

在企业的财务管理中，营运资本需求的准确计算对于维持企业日常运营的稳定性和提高运营效率至关重要。营运资本需求是指企业在经营周期内对短期资金的需要量与同一周期内通过经营活动可以获取的资金量之间的差额。为了精确衡量这一需求，企业通常采用直接计算法和间接计算法两种方法。

（一）直接计算法

直接计算法是一种较为直观且基础的方法，它通过直接加总企业一定时期内的流动资产项目，减去同期内的流动负债项目来计算营运资本需求。其计算公式一般为：营运资本需求=（应收账款+存货+预付费用等）-（应付账款+预提费用等）。这种方法侧重于从资产和负债的直接构成出发，计算企业在经营过程中所需的短期资金。

直接计算法适用于初步分析企业的经营状况,特别适用于初创企业或经营不稳定的企业。这些企业往往更需要直观地了解自身的资金流动性和短期资金需求,以便迅速做出决策。直接计算法能够提供一个清晰、直接的视角,帮助企业快速评估其财务状况。

(二)间接计算法

间接计算法则是一种更为复杂但精确度更高的方法。它从净利润出发,通过一系列调整项目来计算营运资本需求。这些调整项目通常包括非现金成本(如折旧、摊销)、资本支出、营运资本变动等。间接计算法的核心在于通过调整会计净利润,使其更贴近企业实际的经营活动现金流量,从而更准确地衡量营运资本需求。

间接计算法更适用于评价企业的经营稳定性,尤其是在企业资本支出和净营运资本变动较大、经营周期较长的情况下。这种方法能够更全面地考虑各种因素对企业营运资本需求的影响,为企业提供更精准的财务评估。

(三)直接计算法与间接计算法的比较

直接计算法从资产和负债的直接构成出发,计算过程直观易懂;间接计算法则从净利润出发,通过一系列调整项目来计算营运资本需求,计算过程相对复杂。

直接计算法的优点在于直观易懂、方便快速,缺点在于计算因素有限、精确度不足。间接计算法的优点在于综合全面、精确度高,缺点在于计算复杂、理解难度较大。在实践中,企业可以根据自身的经营特点和需求选择适合的计算方法。企业也可以将两种方法结合起来,以便更全面地评估其营运资本需求。例如,在初步分析时采用直接计算法获取直观概览,在深入分析时则采用间接计算法进行精确衡量。

二、趋势分析法在营运资本需求预测中的应用

趋势分析法，作为财务管理和经济学研究的重要工具，通过深入挖掘历史数据的潜在规律，为未来的决策提供有力的支持。在营运资本需求预测这一关键领域，趋势分析法更是展现出了其独特的价值。

（一）趋势分析法的基本原理

趋势分析法是一种通过对时间序列数据进行分析，以揭示变量随时间变化规律的统计方法。这种方法主要关注营运资本（如存货、应收账款、应付账款等）的历史数据，通过分析这些数据的变化趋势，来预测未来的营运资本需求。

趋势分析法的核心在于识别数据的"趋势"，可以是线性趋势、非线性趋势、季节性趋势等。通过识别这些趋势，企业可以更加准确地把握营运资本需求的变化规律，从而为未来的资金安排和财务规划提供有力的支持。

（二）趋势分析法的优势

通过深入挖掘历史数据的潜在规律，趋势分析法能够提供更准确的预测结果。趋势分析法适用于各种类型和规模的企业，无论是大型企业还是中小企业，都可以通过这种方法来预测营运资本需求。相对于其他复杂的预测方法，趋势分析法的操作更为简便，不需要太多的专业知识和技能。

（三）趋势分析法的局限性

趋势分析法的预测结果高度依赖历史数据的准确性和完整性。如果历史数据存在偏差或缺失，将直接影响预测的准确性。趋势分析法通常假设未来趋势与历史趋势保持一致或按某种规律变化。然而，在实际情况中，这种假设可能受到外部环境变化、企业内部变革等多种因素的影响而失效。趋势分析法主要关注线性趋势的识别和分析，可能忽视非线性关系或复杂模式的存在。这可能导致在某些情况下预测结果出现偏差。

（四）趋势分析法在营运资本需求预测中的应用步骤

首先，企业需要收集并整理历史营运资本需求的相关数据。这些数据应涵盖足够长的时间段，以便能够准确反映营运资本需求的变化趋势。同时，数据的质量和准确性也是至关重要的，因为任何偏差或错误都可能导致预测结果失真。在收集到数据后，下一步是识别数据中的趋势。这可以通过绘制趋势图、计算移动平均线或使用统计软件来实现。在识别趋势时，企业需要关注数据的整体变化趋势，以及可能存在的季节性波动或异常值。

在识别出趋势后，企业需要建立适当的数学模型（可以是线性回归模型、时间序列模型等）来描述这种趋势。模型的选择应基于数据的特性和预测需求，以确保预测的准确性和可靠性。选择模型后，便可以使用建立的模型进行预测，并对预测结果进行验证。验证的方法可以是留出法、交叉验证法等。通过验证，企业可以评估模型的预测性能，并对模型进行必要的调整和优化。企业可以根据预测结果制定相应的资金计划和财务策略，以确保营运资本充足，并被高效利用。

（五）提升预测准确性的策略

确保历史数据的准确性和完整性是提升预测准确性的关键。企业应建立完善的数据管理制度和流程，确保数据的及时、准确和完整。趋势分析法可以与其他预测方法（如时间序列分析、机器学习等）相结合，以便充分利用各种方法的优势，提高预测的准确性和可靠性。

在预测过程中，企业应充分考虑外部环境变化（如市场需求、政策调整等）对营运资本需求的影响，以便更准确地把握未来趋势。营运资本需求是动态变化的，企业应建立持续的监控机制，及时发现并调整预测模型的偏差或不足，以确保预测的准确性和实用性。

第二节　影响营运资本需求的因素

一、企业规模与业务扩展对营运资本需求的影响

企业规模与业务扩展是企业发展中两个至关重要的方面，它们不仅直接关系到企业的市场竞争力，还深刻影响着企业的营运资本需求。

（一）企业规模对营运资本需求的影响

企业规模通常以资产总额、员工数量、销售额等指标来衡量，是企业实力和市场地位的直接体现。不同规模的企业，在营运资本需求上存在着显著的差异。小型企业由于规模较小，通常面临着资金紧张的问题。它们往往缺乏足够的资本积累，难以通过内部融资满足营运资本的需求。同时，

由于信用记录有限，外部融资也面临较大的困难。因此，小型企业通常需要更加精细地管理营运资本，通过提高资金周转率、优化库存管理、加强应收账款管理等方式来降低对营运资本的需求。

相对于小型企业而言，中型企业拥有更为雄厚的资本实力和更广泛的融资渠道。然而，随着企业规模的扩大，其对营运资本的需求也相应增加。中型企业通常需要更多的流动资金来支持生产、销售、研发等环节的运作，因此，它们需要建立更为完善的营运资本管理体系，通过合理规划资金流动、优化资本结构、加强风险管理等方式，来确保营运资本的充足和高效利用。

大型企业作为行业中的佼佼者，通常拥有庞大的资产规模和雄厚的资本实力。它们对营运资本的需求也相对较大，因为大型企业需要更多的流动资金来支持其庞大的业务运营和扩张计划。大型企业通常拥有较强的融资能力和风险管理能力，能够更加灵活地应对营运资本的需求变化。大型企业通常通过建立多元化的融资渠道、优化资本结构、加强内部控制等方式来确保营运资本的充足和稳定。

（二）业务扩展对营运资本需求的影响

业务扩展是企业发展的重要战略之一，它通常包括市场开发、产品创新、产能扩张等多个方面。业务扩展不仅能够提升企业的市场竞争力，还能够为企业带来更多的增长机会。然而，业务扩展也对营运资本提出了更高的要求。市场开发是企业拓展新业务、进入新市场的行为。在市场开发过程中，企业需要投入大量的资金进行市场调研、品牌推广、渠道建设等活动。这些活动不仅需要大量的流动资金支持，还可能带来一定的市场风险。因此，企业在市场开发过程中需要谨慎评估资金需求和风险，确保营运资本的充足和有效利用。

产品创新是企业推出新产品或改进现有产品的行为。产品创新通常需要投入大量的研发资金和生产资金，以支持产品的研发、试制、生产等环节。这些资金数额较大，且需求通常较为集中，对企业的营运资本造成较大的压力。因此，企业在产品创新过程中需要合理规划资金流动，确保研发资金和生产资金的充足和高效利用。产能扩张是企业提高生产能力以满足市场需求的行为。在产能扩张过程中，企业需要投入大量的资金用于购买设备、扩建厂房、招聘员工等。因此，企业在产能扩张过程中需要谨慎评估资金需求和风险，确保营运资本的稳定和可持续利用。

（三）应对企业规模与业务扩展影响的策略

企业应建立完善的资金流动管理制度，确保资金的及时、高效流动。通过加强资金预算、控制资金占用、提高资金周转率等方式，降低对营运资本的需求。企业应合理规划资本结构，确保债务资本和权益资本的比例合理。通过优化资本结构，企业可以降低融资成本，提高资金利用效率，满足营运资本的需求。

企业应建立完善的风险管理制度和流程，对市场风险、信用风险、流动性风险等进行全面评估和管理。通过加强风险管理，企业可以降低自身面临的不确定性，确保营运资本的稳定和可持续利用。企业应积极拓展多元化的融资渠道，包括银行贷款、债券融资、股权融资等。通过拓展融资渠道，增加企业的资金来源，提高融资灵活性，从而满足营运资本的需求。企业应建立完善的内部控制制度和流程，确保财务信息的真实、准确和完整。通过加强内部控制，可以提高企业的财务管理水平，降低财务风险，从而确保营运资本的安全和有效利用。

二、供应链管理与库存策略对营运资本需求的影响

在现代企业管理中,供应链管理和库存策略是确保企业高效运营、优化资源配置、降低成本并提升竞争力的关键环节。这些策略不仅直接影响企业的日常运营活动,还深刻作用于营运资本管理。

(一)供应链管理对营运资本需求的影响

供应链管理是指对整个供应链系统进行计划、组织、协调、控制和优化的各种活动。它涵盖了从原材料采购、生产、分销到最终交付给客户的全链条、各环节。供应链管理的有效性直接关系到企业营运资本的流动性和利用效率。供应链管理的核心目标之一是优化资金流动,确保资金在企业内部及供应链各环节间的高效流转。通过加强与供应商、分销商和客户的合作关系,企业可以实现信息的及时共享和资源的有效配置,从而减少资金占用,提高资金周转率。例如,通过与供应商建立紧密的合作关系,企业可以实施 JIT 准时制采购模式,减少库存持有成本,降低营运资本需求。

供应链管理的另一个重要目标是降低交易成本。通过集中采购、长期合作、信息共享等手段,企业可以减少谈判成本、信息搜寻成本和履约成本等。这些成本的降低直接减少了企业对营运资本的需求,提高了资金利用效率。供应链管理的有效实施可以增强企业的风险应对能力。通过多元化供应商选择、建立应急库存、优化物流网络等方式,企业可以更好地应对市场波动、供应中断等风险事件,减少风险事件对营运资本需求的冲击。

(二)库存策略对营运资本需求的影响

库存策略是企业库存管理的重要组成部分,它直接关系到库存水平、

库存成本和营运资本需求。不同的库存策略会对企业的营运资本需求产生不同的影响。经济订货量策略是一种通过计算最优订货批量来平衡订货成本和库存持有成本的库存管理方法。通过采用经济订货批量模型（EOQ）策略，企业可以在确保满足客户需求的前提下，减少库存积压和资金占用，从而降低营运资本需求。

JIT 准时制库存管理强调在需要的时候，按照所需的数量为企业提供产品。这种策略要求企业与供应商建立紧密的合作关系，确保原材料和零部件的及时供应。通过实施 JIT 准时制库存管理策略，企业可以显著降低库存水平，减少库存持有成本，从而降低营运资本需求。

ABC 分类法是指根据库存物品的价值和重要性将其分为 A、B、C 三类，并针对不同类别的物品采取不同的管理策略。对于价值高、重要性高的 A 类物品，企业需要重点管理和严格控制库存；而对于价值低、重要性相对较低的 C 类物品，则可以适当放宽管理要求。通过 ABC 分类法，企业可以优化库存结构，减少不必要的库存积压和资金占用，从而降低营运资本需求。

（三）供应链管理与库存策略的综合影响

供应链管理与库存策略是相互关联、相互影响的两个方面。有效的供应链管理可以为企业提供更加准确的市场信息和供应链数据，有助于企业制定更加合理的库存策略。合理的库存策略可以降低库存成本和资金占用，提高资金周转率，从而进一步优化供应链管理。通过优化供应链管理和库存策略，企业可以显著提高资金周转率，并提高资金利用效率和盈利能力。

供应链管理的有效实施可以增强供应链的灵活性。通过加强与供应商和客户的合作关系，企业可以更快地响应市场需求的变化，及时调整生产和采购计划，降低缺货成本和过剩风险。同时，合理的库存策略也可以为企业提供一定的缓冲空间，以应对突发事件和市场波动。这种灵活性不仅有助于企业更好地满足客户需求，还可以降低对营运资本的依赖性。供应链管理的优化和库存策略的合理应用还可以提升客户满意度。通过加强与供应商的合作，企业可以确保原材料和零部件的及时供应，保证生产进度和产品质量。同时，通过优化库存水平和管理策略，企业可以确保有足够的库存来满足客户需求，保证及时交付产品。这些措施共同作用，有助于提高客户满意度和忠诚度，进而增强企业的市场竞争力。

三、销售政策与收款方式对营运资本需求的影响

在企业的日常运营中，销售政策与收款方式作为连接生产与市场的桥梁，对企业的营运资本需求有着深远的影响。销售政策决定了企业的推广方式、定价策略以及与客户建立的交易关系，而收款方式则关乎企业如何及时、有效地回收资金。

（一）销售政策对营运资本需求的影响

销售政策是企业为实现销售目标而制定的一系列策略和措施，包括产品定价、促销手段、销售渠道、客户信用政策等。这些政策的选择和实施，直接关系到企业的销售收入、应收账款水平以及营运资本需求。

产品定价是销售政策的核心内容之一。合理的定价策略能够吸引客户，促进销售额增长。高价策略可能带来较高的利润率，但也可能降低销量，影响资金回笼速度；低价策略虽然能刺激销量，但可能牺牲利润，增加营运资本需求。因此，企业在定价时需要综合考虑市场需求、竞争状况、成本结构等因素，以平衡销售收入和营运资本需求。

促销手段，如折扣、赠品、广告等，能够吸引潜在客户，促进销售额增长。

然而，促销活动往往需要投入大量的资金，增加营运资本需求。此外，促销活动可能引发客户的提前购买行为，导致销售收入短期激增，但随后可能面临销售收入下滑和资金回笼速度减慢的问题。因此，企业需要在促销活动前做好充分的预算规划和风险控制，以确保促销活动的效益最大化。

销售渠道的选择和管理也会影响企业的营运资本需求。直销渠道虽然能够减少中间环节，降低销售费用，但可能需要企业投入更多的资金和人力资源来建立和维护销售团队。分销渠道虽然能够借助分销商的力量快速拓展市场，但分销商的信用状况、销售能力等因素可能影响应收账款的回收速度和营运资本需求。因此，企业需要根据产品特性和市场需求，选择合适的销售渠道，并加强对分销商的信用评估和管理。

客户信用政策是企业为吸引和留住客户而制定的关于信用额度、信用期限、现金折扣等方面的政策。宽松的信用政策能够吸引更多客户，促进销售额增长，但也可能增加应收账款的规模和坏账风险，导致营运资本需求增加。因此，企业在制定信用政策时需要综合考虑市场需求、客户信用状况、行业竞争态势等因素，制定合理的信用政策，以平衡销售收入和营运资本需求。

（二）收款方式对营运资本需求的影响

收款方式是企业回收销售收入的途径和手段，直接关系到企业现金流的稳定性和营运资本需求。不同的收款方式对企业营运资本需求的影响各不相同。

现金销售是最直接、最快速的收款方式。在这种方式下，企业能够立即回收销售收入，减少应收账款的规模和坏账风险，降低营运资本需求。然而，现金销售可能限制企业的销售规模和市场份额。因此，企业需要在现金销售和赊销之间找到平衡点,根据市场需求和客户信用状况选择合适的收款方式。赊销是企业常用的收款方式之一。通过赊销,企业能够吸引更多客户,促进销售额增长。然而,赊销也会增加应收账款的规模和坏账风险,导致营运资本需求增加。信用期限的长短也会影响企业的营运资本需求。较长的信用期限虽然能够吸引客户,但也会增加应收账款的占用时间和坏账风险;较短的信用期限虽然能够加速资金回笼,但可能影响客户的购买意愿。

票据和保理业务是企业回收销售收入的另一种方式。票据作为一种支付凭证,可以在一定期限内转让或贴现,为企业提供灵活的融资渠道。保理业务则是企业将应收账款转让给保理商,由保理商负责催收和管理应收账款,从而降低企业的坏账风险和营运资本需求。然而,票据和保理业务也会增加企业的融资成本和管理费用。因此,企业在选择票据和保理业务时需要综合考虑融资成本、管理费用和营运资本需求等因素。

(三)销售政策与收款方式的综合影响与应对策略

销售政策与收款方式对营运资本需求的影响是复杂而深远的。

企业应建立完善的客户信用评估体系,对客户的信用状况进行全面、客观的评估。同时加强对应收账款的监控和管理,及时发现并解决潜在的风险问题。对于信用状况不佳的客户,可以采取缩短信用期限、提高预付款比例等措施降低坏账风险。企业应根据市场需求、客户信用状况、行业竞争态势等因素,选择合理的销售政策和收款方式。在定价策略上,既要考虑利润空间又要兼顾市场需求;在促销手段上,既要刺激销量又要控制成本;在销售渠道上,既要拓展市场又要加强渠道管理;在收款方式上,既要加速资金回笼又要降低融资成本和管理费用。

现金流是企业营运的命脉。企业应建立完善的现金流管理体系，对现金流入流出状况进行全面、准确的预测和监控。通过优化库存管理、加强应收账款回收、合理安排资金支出等措施，提高现金流的稳定性和充足性，降低营运资本需求。企业应建立完善的风险预警与应对机制，及时发现并化解潜在的风险。对于可能出现的市场波动、客户信用危机等情况制定相应的应急预案和应对措施，确保企业营运资本安全稳定。

四、季节性变动对营运资本需求的影响

（一）季节性变动的概念

在企业的运营过程中，季节性变动是一个不可忽视的因素。它对企业的销售、生产、采购等多个环节具有深远影响，进而波及企业的营运资本需求。

季节性变动是指由自然因素、社会因素或经济因素等导致的某些经济现象在一年内的特定时期呈现出规律性的变化，这种变化在零售、旅游、农业等行业尤为明显。例如，零售业的销售额在节假日期间会大幅增长，而农业则因季节变化而面临不同的种植和收获周期。

（二）季节性变动对营运资本需求的影响

季节性变动直接影响企业的销售收入。在销售旺季，企业需要增加库存以满足市场需求，这导致存货投资增加。同时，为了扩大销售，企业可能还需要增加广告费用、促销费用等营销支出，这些都会增加企业的营运资本需求。对于某些依赖季节性原材料的企业来说，采购成本的季节性变动也是影响营运资本需求的重要因素。例如，在农产品收获季节，采购成

本可能降低，但在非收获季节，采购成本则可能上升。

生产成本也可能因季节性变动而发生变化。例如，在寒冷的冬季，企业需要增加取暖费用；在炎热的夏季，则需要增加制冷费用。此外，某些生产设备在特定季节可能需要更多的维护和保养，这也会增加生产成本。在销售旺季，企业的应收账款可能会增加，因为客户可能需要更多时间来支付货款。此外，为了保持供应链稳定，企业可能需要在销售淡季提前支付供应商的货款，进而导致应付账款增加，这些都会影响企业的现金流和营运资本需求。

（三）应对季节性变动影响的策略建议

首先，企业需要分析历史数据，识别出销售、采购、生产等环节的季节性变动模式。这有助于企业预测季节性变动可能带来的影响。在识别出季节性变动模式后，企业需要估算每个环节的变动幅度。例如，销售旺季的销售额可能比销售淡季高出多少个百分点，采购成本在收获季节可能降低多少等。

根据季节性变动幅度，企业可以估算出不同季节所需的营运资本，包括存货投资、营销支出、采购成本、生产成本，以及应收账款和应付账款的变动等。最后，企业需要根据季节性营运资本需求制定相应的应对策略。例如，在销售旺季到来之前增加库存、与供应商协商更灵活的付款条件、优化现金流管理等。

企业应编制详细的预算计划，包括销售预算、采购预算、生产预算等，并考虑季节性变动的影响。通过预算管理，企业可以更好地控制成本，确保营运资本充足。针对季节性销售波动，企业应优化库存管理策略。例如，为应对销售旺季而提前备货，以避免因缺货带来的销售机会损失；在销售淡季则适当减少库存，以降低库存成本。

与供应商建立长期稳定的合作关系，有助于企业在面对季节性变动时获得更优惠的采购条件和进行更灵活的付款安排。这可以降低采购成本，减轻营运资本压力。企业应积极拓展融资渠道，以备不时之需。在销售淡季或资金紧张时，企业可以通过银行贷款、发行债券等方式筹集资金，确保营运资本充足。现金流是企业生存和发展的基础。企业应加强现金流管理，确保资金及时回笼及其合理使用。例如，优化收款流程，缩短收款周期；合理安排付款计划，避免资金过度占用。

第三节 不同行业营运资本需求的特点与管理策略

营运资本需求是企业日常经营活动所需资金的重要组成部分，其特点因行业而异，其管理策略也因行业不同而存在差异，深受各行业的经营模式、市场环境、资金运作方式等多种因素的影响。本节将以制造业、零售业、服务业及高新技术产业为例分析不同行业的营运资本需求特点，并以零售业与批发业为例分析不同行业的营运资本需求管理策略。

一、不同行业的营运资本需求特点

（一）制造业

制造业作为实体经济的重要支柱，其营运资本需求特点鲜明。

第一，资金需求量大是制造业营运资本的显著特征。从原材料采购到生产加工，再到产品销售，制造业的生产周期需要大量资金的支持，特别是随着生产规模的扩大和生产技术的升级，制造业的营运资本需求也随之上升。

第二，流动性要求高。制造业的营运资本需要快速周转，以满足原材料采购、工资支付、设备维护等各项费用支出。因此，制造业企业必须保持足够的现金储备和高效的应收账款回收机制，以确保资金流动顺畅。

第三，制造业的营运资本需求与企业经营规模紧密相关。制造业企业的规模越大，其营运资本需求通常也越高。这主要是因为大规模生产需要更多的原材料、设备和劳动力投入，同时也会产生更多的应收账款和存货。

第四，行业周期性影响显著。制造业往往受到市场需求波动的影响，销售旺季和销售淡季的营运资本需求差异明显。因此，企业需要根据市场变化合理安排生产计划和资金预算，以应对周期性需求的变化。

（二）零售业

零售业作为连接生产和消费的桥梁，其营运资本需求具有以下特点。

第一，存货管理至关重要。零售企业需要保持适量的库存以满足市场需求，但过多的库存又会占用大量资金。因此，零售企业需要精细化管理存货，通过科学的预测和采购计划来降低库存成本，提高资金使用效率。

第二，应收账款回收压力大。零售企业通常采用赊销方式吸引客户，但这也导致应收账款规模庞大，资金回收压力大。为了加速资金回笼，零售企业需要建立完善的信用评估体系和催收机制，确保应收账款的及时回收。

第三，季节性需求明显。在节假日等销售旺季时，零售企业需要增加库存以应对销售高峰,这会增加营运资本需求;在销售淡季时,零售企业则可能面临资金闲置和成本增加的问题。因此,零售企业需要灵活调整经营策略,合理安排资金预算和库存计划。

第四,现金流管理要求高。零售企业需要保持足够的现金储备以应对日常经营活动中的各项费用支出和突发状况,还需要通过有效的现金流管理来降低资金成本,并提高资金利用效率。

(三)服务业

服务业以其轻资产、重人力资本的特点而著称,其营运资本需求的特点也与其他行业有所不同。

第一,资金需求相对灵活。服务企业的经营活动通常不涉及大量固定资产投入,因此其资金需求相对灵活。企业可以根据市场变化和业务需求灵活调整资金预算和融资计划。

第二,应收账款回收周期短。与制造企业和零售企业相比,服务企业的应收账款回收周期通常较短。这是因为服务企业提供的往往是即时性服务,客户在享受服务后需要立即支付费用。因此,服务企业的现金流状况相对较好,营运资本需求也相对较低。

第三,行业差异显著。服务业涵盖范围广泛,包括餐饮、旅游、教育、医疗等多个子行业。不同子行业的营运资本需求特点差异明显。例如,餐饮企业需要保持足够的现金储备以应对食材采购和日常经营费用支出,而教育行业则可能面临较大的预付账款压力。

第四,风险管理至关重要。服务企业的经营活动往往受市场需求波动和政策变化的影响较大,因此,需要加强风险管理,通过多元化经营和稳健的财务策略来降低经营风险，维护营运资本安全。

（四）高新技术产业

高新技术产业是创新驱动发展的重要力量，其营运资本需求特点如下：

第一，资金需求量大且持续。高新技术企业需要不断投入研发资金以推动技术创新和产品升级，同时，市场推广和渠道建设也需要大量资金的支持。因此，高新技术企业的营运资本需求往往持续时间长且规模庞大。

第二，融资方式多样。由于高新技术企业具有高风险和高回报特点，其融资方式也相对多样，除了传统的银行贷款和股权融资外，风险投资、天使投资、政府补助等多种融资方式也为高新技术企业提供了更多的资金选择。

第三，资金运作灵活。高新技术企业需要根据市场变化和技术发展趋势及时调整资金配置和融资计划，以确保资金的有效利用和企业的持续发展，因此，其资金运作往往更加灵活多变。

第四，风险管理要求高。高新技术企业的经营风险较高，技术更新速度快且市场变化莫测。因此，企业需要加强风险管理能力，通过完善的风险评估体系和有效的风险控制措施来降低经营风险，维护营运资本安全。

二、零售业与批发业的营运资本管理策略

在商业领域中，零售业与批发业作为供应链上的两个重要环节，各自承担着不同的角色与责任，这也导致它们在营运资本管理策略上存在差异。

（一）零售业的营运资本管理策略

零售业直接面对消费者，其库存管理策略对于营运资本的影响尤为显

著。零售企业通常采用先进的库存管理系统，如实时库存监控系统、自动补货系统等，以确保库存水平的合理性和销售需求的及时性。此外，零售企业还注重库存周转率的提升，通过优化商品结构、提高销售预测准确性等措施，降低库存积压和滞销风险，从而降低营运资本占用成本。零售企业在销售过程中往往采用多种支付方式，包括现金支付、信用卡支付、移动支付等。为了加速资金回笼，零售企业需要建立完善的应收账款管理体系，包括客户信用评估、账龄分析、催收机制等。通过定期对应收账款进行账龄分析，及时提醒业务部门进行催收，零售企业可以最大限度地减少坏账损失，提高资金使用效率。

为了应对季节性变动和突发事件对营运资本的影响，零售企业需要保持多元化的融资渠道。除了传统的银行贷款外，零售企业还可以利用商业票据、保理业务、供应链金融等新型融资方式来满足短期资金需求。同时，零售企业还可以通过发行债券、股票等方式筹集长期资金，以支持企业的扩张和转型升级。

零售业的市场竞争异常激烈，因此创新营销策略成为提升销售额和缩短营运资本占用周期的关键。零售企业可以通过线上线下融合的全渠道销售模式、精准营销模式、会员制度等方式来吸引和留住消费者。同时，通过优化商品陈列、提升购物体验等措施，提高顾客的满意度和忠诚度，从而增加销售额并缩短存货对营运资本的占用周期。

（二）批发业的营运资本管理策略

批发业作为供应链上的中间环节，其营运资本管理策略更加注重采购成本的节省和供应链效率的优化。批发企业通常采用集中采购策略，与供应商建立长期稳定的合作关系，以获取更优惠的价格和更稳定的供应。同时，批发企业还注重供应链管理的整合与优化，通过引入先进的物流管理系统、建立高效的物流配送网络等措施来降低物流成本，并提高供应链响应速度。

批发业的库存水平直接影响到其营运资本的占用成本。为了平衡库存成本与市场需求之间的关系，批发企业需要制定合理的库存策略。一方面，批发企业可以根据历史销售数据和市场需求预测来设定合理的安全库存水平；另一方面，批发企业还可以通过采用JIT准时制生产方式、VMI（Vendor Managed Inventory）供应商管理库存等先进库存管理策略来降低库存成本，提高库存周转率。

批发企业在采购过程中往往需要占用大量资金来支付货款。为了降低营运资本占用成本并提高资金使用效率，批发企业需要对应付账款进行严格的管理，如与供应商协商合理的付款期限、优化付款节奏以延长资金浮游量等。同时，批发企业还可以通过采用电子交易、承兑汇票等支付方式来降低交易成本并加速资金回笼。

批发业的市场竞争同样激烈，为了提升竞争力和盈利能力，批发企业需要积极拓展多元化市场，包括开发新产品线、拓展新的销售渠道、开拓国际市场等。通过多元化市场布局和差异化竞争策略，批发企业可以降低对单一市场的依赖度并提高整体抗风险能力。

（三）零售业与批发业营运资本管理策略的比较

零售业的库存管理更加注重精细化管理和周转率提升，以应对快速变化的市场需求，并降低营运资本占用成本；而批发业的库存管理则更加注重供应链的整合和优化以及合理库存策略的制定，以确保供应的稳定性，并降低物流成本。

零售业由于直接面对消费者且市场需求波动较大，因此更加注重采用多元化的融资渠道和灵活的融资方式以应对短期资金需求；而批发业则更注重与供应商建立长期稳定的合作关系，并通过供应链金融等方式获取低成本的资金支持。零售业通过创新营销策略来提升销售额，缩短存货对营运资本的占用周期；而批发业则更注重通过拓展多元化市场、开发新产品线等方式来提升竞争力和盈利能力。

此外，在市场竞争策略上两者也有所不同。零售业更加注重顾客的满意度和忠诚度；而批发业则更注重与供应商建立长期稳定的合作关系，以及供应链的整合与优化。

第三章 营运资本结构优化与调整

第一节 营运资本结构概述

一、营运资本结构的定义、分类与重要性

（一）营运资本结构的定义

在企业的财务管理中，营运资本结构不仅关系到企业日常运营的流畅性，还直接影响到企业的偿债能力和盈利能力。

营运资本，又称营运资金，是指企业用于日常经营活动所需的资金，主要包括流动资产和流动负债两部分。营运资本结构，则是指企业流动资产与流动负债之间的构成和比例关系。具体来说，营运资本结构反映了企业在短期内能够迅速变现或耗用的资产与需要在短期内偿还的债务之间的匹配程度。

（二）营运资本结构的分类

营运资本结构可以从多个角度进行分类，以下将从传统分类和基于供应链或渠道的分类两个方面进行详细介绍。

1. 传统分类

传统上，营运资本结构通常按照要素或时间变动特点进行分类。

按要素分类，营运资本可以按照其组成要素分为现金、有价证券、应收账款、存货以及应付账款等。这种分类方式侧重于各个要素需求的预测和管理，有助于企业根据不同要素的特点制定相应的融资和投资策略。例如，现金和有价证券具有较高的流动性，但收益较低；应收账款和存货可能占用较多资金，但其变现能力受市场环境和企业信用政策的影响较大。

按时间变动特点，营运资本还可以分为临时性营运资本和永久性营运资本。临时性营运资本是指那些短期内需要筹措的资金，主要用于满足季节性或临时性的资金需求。这种资本通常通过短期融资方式（如短期借款、商业票据等）筹措。永久性营运资本则是指企业长期运营所需的基本资金，它相对稳定且持续存在，主要通过长期融资方式（如长期借款、发行债券等）筹措。

2. 基于供应链或渠道的分类

随着供应链管理理论的发展，营运资本结构的分类也逐渐从传统的财务视角转向供应链或渠道视角。这种分类方式将营运资本与企业业务结合起来，按照生产、采购、营销等具体环节对营运资本进行划分。

在生产环节，营运资本主要包括原材料、在制品和产成品等存货资金。这些资金直接影响企业的生产效率和成本。通过优化库存管理、提高生产效率等措施，企业可以降低生产环节的营运资本占用。

在采购环节，营运资本主要涉及应付账款等流动负债。通过与供应商建立长期合作关系、优化付款条件等措施，企业可以合理利用供应商的信用政策，降低采购环节的营运资本占用。在营销环节，营运资本主要体现为应收账款和预收账款等。通过加强信用管理、提高收款效率等措施，企业可以加速应收账款的回收速度，缩短资金占用时间。同时，合理利用预收账款等融资方式也可以为企业筹集短期资金。

（三）营运资本结构的重要性

营运资本结构对企业运营和财务健康具有重要影响。合理的营运资本结构不仅能够确保企业日常经营的顺利进行，还能够提高企业的偿债能力和盈利能力。

合理的营运资本结构能够为企业提供足够的流动资金来支持日常经营活动中的各项支出。这有助于企业保持生产的连续性和稳定性，避免因资金短缺而导致生产中断或生产延误。营运资本是企业偿还流动负债的重要保障。合理的营运资本结构意味着企业在短期内能够迅速变现或耗用的资产足以覆盖其流动负债。这有助于企业保持良好的信用记录和市场声誉，降低融资成本并提高融资能力。

通过优化营运资本结构，企业可以降低资金占用成本并提高资金使用效率。例如，通过加强应收账款管理、加速资金回笼等措施，企业可以减少资金在结算环节的占用时间，并降低机会成本。同时，通过合理控制存货规模和提高存货周转率等措施，企业也可以降低存货成本，提高盈利能力。合理的营运资本结构还能够为企业提供足够的财务灵活性来应对市场变化和政策调整等不确定因素。例如，在市场需求增加时，企业可以通过增加短期融资来扩大生产规模；在市场需求下降时，企业则可以通过减少存货规模和优化应收账款管理等措施来降低资金占用成本，提高资金利用效率。

二、国内企业的营运资本结构现状

在现代企业的财务管理中，营运资本结构直接关系到企业的日常运营效率、财务稳定性和市场竞争力。然而，随着市场环境的不断变化和企业规模的扩大，国内企业的营运资本结构普遍呈现复杂化倾向，存在诸多亟待解决的问题。

国内许多企业，尤其是中小型企业，面临着流动资金不足的问题。这主要是由于企业运营过程中存在"先收入后支出"的现象，导致资金无法及时周转使用。流动资金不足不仅限制了企业采购、生产和营销活动的开展，还可能影响企业的偿债能力，增加财务风险。存货积压和应收账款回收缓慢是当前企业营运资本管理的普遍问题。存货积压占用了大量资金，降低了资金的流动性，增加了企业的仓储成本和管理难度。而应收账款回收缓慢则导致企业资金回笼速度减慢，影响企业的现金流状况。这些问题不仅增加了企业的运营成本，还可能影响企业的信誉和市场地位。

国内许多企业依赖单一的融资渠道，如银行贷款或股东投资，导致融资成本高昂且灵活性不足。在市场环境变化或企业经营状况不佳时，单一的融资渠道可能无法满足企业的资金需求，进而加剧企业的财务困境。此外，高昂的融资成本也增加了企业的负担，影响了企业的盈利能力。部分企业对营运资本管理的重视程度不够，缺乏科学的管理方法和有效的管理工具。这导致企业在营运资本的配置、使用和监督方面存在诸多漏洞和不足之处。例如，企业未能合理安排流动资产的持有量、未能有效控制存货积压和应收账款风险、未能充分利用短期融资工具等。这些问题不仅降低了企业的资金使用效率，还可能增加企业的财务风险。

三、营运资本结构与企业战略

在企业的经营管理中,营运资本结构不仅影响着企业的日常运营效率和财务稳定性,还直接关系到企业战略的实施效果和市场竞争力。合理的营运资本结构能够确保企业日常运营的顺利进行,提高资金使用效率,降低财务风险。

(一)企业战略的基本概念

企业战略是企业在激烈的市场竞争环境中,为谋求生存和发展而做出的长远性、全局性的谋划。企业战略包括市场定位、产品策略、竞争策略、发展路径等多个方面,旨在指导企业未来的发展方向和行动纲领。企业战略的成功实施离不开合理的资源配置和资金支持,更离不开合理的营运资本结构。

(二)营运资本结构与企业战略的关系

不同类型的企业战略对营运资本结构的需求各不相同。例如,扩张型战略需要更多的流动资金支持市场开拓和产品推广,稳健型战略则更注重流动资产的保值增值和负债的稳健管理。因此,企业应根据自身战略需求调整营运资本结构,确保战略实施的资金需求得到满足。

企业战略不仅决定了营运资本的需求规模,还影响着营运资本的配置结构。例如,实施差异化战略的企业可能需要更多的研发资金和市场推广资金,因此会增加应收账款和存货等流动资产的投入;实施成本领先战略的企业则更注重规模效应和成本控制,可能会通过增加短期借款等流动负债来降低资金成本。因此,企业应根据自身战略特点合理安排营运资本结构，以提高资金使用效率和降低财务风险。企业战略和营运资本结构都不是静态不变的，而是随着市场环境和企业内部条件的变化而不断调整的。因此，企业需要建立灵活的营运资本管理机制，根据企业战略需求和市场变化及时调整营运资本结构。例如，当市场环境发生变化导致销售额下滑时，企业应及时调整存货和应收账款管理策略以减少资金占用；当企业实施新的发展战略需要更多资金支持时，则应积极拓展融资渠道并优化负债结构以满足资金需求。

四、不同行业的营运资本结构

生产型企业需要大量的固定资产和流动资金来支持其生产运营。因此，这类企业更倾向采用高杠杆资本结构以充分利用资产和负债。在生产过程中，企业可以通过合理安排原材料采购、生产计划和销售计划来优化存货管理，同时加强与客户的沟通和协作以提高应收账款回收效率。此外，企业还可以通过短期借款等方式筹集资金以满足生产运营的资金需求。这些措施可以确保生产型企业营运资本结构与生产战略的匹配，并提高生产型企业的市场竞争力。

服务型企业通常不需要大量的固定资产投入，其主要资产是人力和知识产权。因此，这类企业更倾向采用股权资本结构以获得更多的灵活性和机会。在经营过程中，企业可以通过提高服务质量和客户满意度来增加应收账款的回收效率，同时加强与供应商的合作关系以降低采购成本并优化负债结构。此外，企业还可以通过股权融资等方式筹集长期资金以支持其持续发展和创新。

创新型企业需要大量的研发和市场推广资金以支持其持续创新和发展。因此，这类企业更倾向采用混合资本结构，既包括股权融资，也包括债务融资。在研发和市场推广过程中，企业可以通过合理安排资金投入和项目进度来降低研发和市场推广风险，同时加强与投资者和合作伙伴的沟通和协作，以获得更多的资金支持和市场机会。此外，企业还可以通过债务融资等方式筹集短期资金以支持其研发和市场推广活动的顺利开展。

第二节　营运资本结构优化

营运资本结构优化是企业财务管理的重要环节，它直接关系到企业的资金流动性、偿债能力和盈利水平。制定有效的营运资本结构优化策略，能够帮助企业在保证资金安全的前提下，提高资金使用效率，降低资金成本，从而增强企业的市场竞争力和可持续发展能力。

一、营运资本结构优化的重要性

营运资本结构优化意味着企业在保证正常运营的同时，能够更高效地利用资金，减少不必要的资金占用和浪费，提高资金的使用效率和回报率。营运资本结构优化的重要性主要包括以下几点：

一是提高资金流动性。通过优化营运资本结构，企业可以更有效地管理现金流，确保资金在需要时能够及时到位，满足企业的运营需求。

二是降低资金成本。优化营运资本结构使其更加合理，能够降低企业对外部融资的依赖性，减少资金成本，提高企业的盈利能力。

三是增强偿债能力。优化营运资本结构有助于企业保持良好的偿债能力，降低财务风险，提高企业的信誉和融资能力。

四是提升市场竞争力。优化营运资本能够使企业更灵活地应对市场变化，抓住商机，从而提升其市场竞争力。

二、营运资本结构优化的原则

保证企业的资金安全是营运资本结构优化的首要原则。企业应确保有足够的流动资金以应对可能出现的支付危机。营运资本应保持高度的流动性，以便企业能够及时满足各种支付需求。

在保证安全和流动性的前提下，企业应追求资金使用的最大化效益，提高资金回报率。营运资本结构应保持流动资产与流动负债之间的平衡，避免过度依赖外部融资或过度积压存货。

三、营运资本结构优化的策略

现金是企业最直接的流动资金，加强现金管理对于优化营运资本结构至关重要。企业应建立完善的现金管理制度，合理安排现金收支，避免现金闲置或过度占用。应收账款是企业的重要资产，企业应制定合理的信用政策，加强应收账款的催收和管理，减少坏账损失，提高资金回收速度。

存货是企业运营所必需的，但过多的存货会占用大量资金。企业应根据市场需求和销售预测，合理安排存货采购和生产计划，避免存货积压和浪费。短期融资是企业获取流动资金的重要途径。企业应根据自身情况和市场环境，合理选择短期融资方式和时机，降低融资成本，提高资金使用效率。营运资本结构优化需要企业具备一定的风险管理能力。企业应建立完善的风险管理机制，对可能出现的支付危机、市场变化等风险因素进行预测和防范，确保企业资金安全和稳定。

四、营运资本结构优化的实施步骤

首先,企业需要对自身的营运资本结构进行全面分析,了解当前资金流动性、偿债能力、盈利能力等方面的情况。根据分析结果,企业应制定明确的营运资本结构优化目标,如提高资金流动性、降低资金成本、增强偿债能力等。这些目标应具体、可衡量,并与企业的整体战略相一致。

根据目标,企业应制定具体的营运资本结构优化策略,如加强现金管理、优化应收账款管理、控制存货水平、合理利用短期融资,以及建立风险管理机制等。这些策略应具体、可行,并能够有效地解决当前存在的问题。在制定好策略后,企业应将其付诸实施,并加强监控和评估。企业应建立完善的监控机制,对营运资本结构的优化过程进行实时跟踪和评估,及时发现并解决问题,确保优化策略的有效实施。营运资本结构优化是一个持续的过程,企业需要不断地进行改进。在实施过程中,企业还应不断总结经验教训,完善优化策略,提高资金管理水平和效率。

第三节 营运资本结构调整

营运资本结构调整是企业财务管理的重要任务,它涉及对企业流动资产和流动负债的重新配置,以优化资本结构,提高资金使用效率,确保企业的财务稳健、可持续发展。

一、资本结构调整的数学模型与工具

为了科学、系统地进行资本结构调整，数学家和经济学家们开发了多种数学模型和工具，这些模型与工具为企业决策提供了有力支持。

（一）资本结构调整数学模型的概念

资本结构调整数学模型是指用于分析和优化企业资本结构的定量模型。这些模型通过数学公式、算法和数值模拟技术，对资本结构中的债务和股权比例、资金成本、风险等因素进行量化分析，帮助企业找到最优的资本结构。根据不同的假设条件和目标函数，资本结构调整数学模型可以分为多种类型，包括静态财务理论模型、动态财务理论模型、权衡理论模型和市场反应模型等。

（二）主要数学模型及其原理

静态财务理论模型基于财务理论，如财务杠杆理论和税收优惠理论，分析企业的资本结构决策，它综合考量了企业的债务成本、股权成本、税收政策以及预期盈利能力等因素。通过构建目标函数，如企业价值最大化或综合资本成本最小化，静态财务理论模型可以求出最优的资本结构比例。然而，该模型忽略了时间价值和不确定因素的影响，因此适用于较为稳定且可预测的市场环境。

动态财务理论模型考虑到时间价值和不确定因素的影响，通过考量企业的未来现金流量和风险来优化资本结构，它可以使用实值选项定价方法或动态优化模型来评估不同资本结构方案的价值。动态财务理论模型能够更准确地反映市场变化对企业资本结构的影响，因此适用于复杂多变的市场环境。然而，该模型依赖更多的数据输入和复杂的计算过程，对企业的财务分析能力提出了更高要求。

权衡理论模型通过权衡债务融资的税收优惠与债务风险之间的平衡来确定最佳的资本结构。该模型认为，随着债务比例的增加，企业的税收负担会减轻，但同时也会增加财务风险和破产成本。因此，企业需要在税收优惠和债务风险之间找到一个平衡点，以实现企业价值的最大化。权衡理论模型为企业提供了直观的资本结构决策框架，但具体权衡点的确定还有赖于复杂的数学计算和市场判断。

市场反应模型基于市场反应和投资者行为，分析不同资本结构对企业价值和股价的影响。它可以使用事件研究方法或市场估值模型来评估市场对资本结构调整的反应。市场反应模型认为，企业的资本结构决策会影响投资者的市场预期和行为，进而影响企业价值和股价。因此，企业在进行资本结构调整时需要考虑市场的反应和投资者的态度。市场反应模型为企业提供了从市场角度审视资本结构决策的视角，但对具体市场反应的预测和评估需要依赖于丰富的市场数据和经验判断。

（三）资本结构调整的数学工具

在资本结构调整的过程中，除了上述数学模型外，还需要借助一系列的数学工具来进行分析和决策。这些工具包括数值模拟技术、敏感性分析、优化算法等。

数值模拟技术是指利用计算机强大的计算功能和数据存储功能，对数学模型进行求解和模拟分析的技术。在资本结构调整过程中，数值模拟技术可以帮助企业预测不同资本结构方案下的未来现金流量、风险水平和企业价值等指标，为决策提供数据支持。通过数值模拟技术，企业可以更加直观地了解资本结构变化对企业财务状况和市场表现的影响。

敏感性分析是指研究模型输入参数变化对模型输出结果影响程度的分析方法。在资本结构调整中，敏感性分析可以帮助企业识别关键影响因素，并评估其不确定性对资本结构决策的影响。通过敏感性分析，企业可以更加全面地了解资本结构决策的潜在风险和机会，并制定相应的风险管理措施。

优化算法是指用于求解最优化问题的数学方法和技术。在资本结构调整过程中，优化算法可以帮助企业找到满足特定约束条件（如资金成本、风险水平等）的最优资本结构方案。常见的优化算法包括线性规划、非线性规划、遗传算法等。通过应用优化算法，企业可以更加高效地解决复杂的资本结构优化问题，并得出科学的决策方案。

（四）资本结构调整数学模型与工具应用的局限性

资本结构调整数学模型与工具在企业财务管理中具有重要的应用价值，它们可以为企业提供科学的决策支持，帮助企业实现资本结构的优化和财务绩效的提升。然而，这些模型与工具也存在一定的局限性：第一，模型的假设条件可能不完全符合实际情况，导致模型结果存在一定的偏差；第二，模型的输入参数依赖于丰富的市场数据和经验判断，而这些数据的获取和处理可能存在一定的难度；第三，模型的计算结果需要结合实际情况的解读和应用，否则可能导致决策失误。

二、营运资本结构调整的规划与执行

（一）营运资本结构调整的规划

1. 目标设定

营运资本结构调整的首要任务是明确目标，这些目标通常包括提高资金使用效率、降低资金成本、增强流动性、优化资本结构，以及支持企业战略发展等。企业应根据自身的财务状况、市场环境和战略目标，设定具体、可衡量的营运资本结构调整目标。

2. 策略选择

在明确目标后，企业需要选择合适的营运资本结构调整策略，这些策略可能包括优化流动资产与流动负债的比例、调整信用政策、加强存货管理、优化供应链管理、利用金融工具进行融资等。企业应根据自身的实际情况和市场环境，选择最适合的策略。

第一，流动资产与流动负债比例优化。通过合理调整流动资产和流动负债的比例，确保企业有足够的流动性资产以应对短期负债，同时降低资金成本。

第二，信用政策调整。通过调整信用期限、信用额度等信用政策，加快应收账款的回收速度并减少坏账损失，从而优化营运资本结构。

第三，存货管理加强。通过优化存货水平、提高存货周转率，降低存货占用成本，释放营运资本。

第四，供应链管理优化。通过加强与供应商的合作、优化采购流程、降低采购成本，提高营运资本的使用效率。

第五，利用金融工具。通过合理利用短期融资、商业信用等金融工具，降低资金成本，优化资本结构。

3.风险评估

在制定营运资本结构调整策略时，企业需要对潜在的风险进行评估。这些风险可能包括市场风险、信用风险、流动性风险、操作风险等。企业应建立风险评估机制，对每种策略可能带来的风险进行量化分析，并制定相应的风险应对措施。

（二）营运资本结构调整的执行

营运资本结构调整需要按照一定的步骤执行。第一，企业应编制详细的实施计划，明确各项策略的具体执行时间、责任人和预期效果。第二，企业需要调动内部资源，包括资金、人力、技术等，确保实施计划能够顺利执行。第三，企业应加强与外部机构的合作，如与金融机构协商融资条件、与供应商签订合作协议等。

在营运资本结构调整的执行过程中，企业需要建立有效的监控机制，以确保实施计划的顺利进行和预期目标的实现。监控机制应包括定期报告制度、内部审计制度、风险管理制度等。通过定期报告制度，企业可以及时了解计划的实施进度和效果。通过内部审计制度，企业可以发现计划存在的问题和不足。通过风险管理制度，企业可以应对潜在的风险和挑战。

营运资本结构调整是一个持续优化的过程。在执行过程中，企业应根据实际情况和市场环境的变化，不断调整和优化策略。例如，当市场环境发生变化时，企业可能需要调整信用政策以适应新的市场需求；当企业内部管理水平提升时，企业可能需要优化存货管理策略以提高资金使用效率。

要确保营运资本结构调整的成功执行，企业需要关注以下几个关键因素：

一是高层领导的支持。高层领导的支持是成功进行营运资本结构调整的重要保障。高层领导需要为项目提供足够的资源和支持，并确保各部门协调配合。

二是跨部门协作。营运资本结构调整涉及多个部门的协作和配合。企业需要建立跨部门协作机制，确保各部门之间的信息共享和沟通顺畅。

三是员工培训和激励。员工是营运资本结构调整的执行者，因此企业需要为员工提供必要的培训和支持，激励他们积极参与项目并发挥自己的专业能力。

四是信息技术支持。信息技术在营运资本结构调整中发挥着重要作用，企业需要利用先进的信息技术工具来支持项目的执行和监控。

在营运资本结构调整的执行过程中，企业可能会面临一些挑战。例如，市场环境的变化可能导致策略失效、内部管理不善可能影响实施效果、员工存在抵触情绪可能影响项目进展等。为了应对这些挑战，企业需要建立灵活的策略调整机制，加强内部管理，完善奖惩机制，加强与员工的沟通，并充分利用外部资源来支持项目的执行。

三、营运资本结构调整过程中的风险管理

营运资本结构的调整并非总是一帆风顺的，它伴随着诸多风险，这些风险若未能得到有效管理，可能会对企业的财务状况乃至整体运营情况产生不利影响。因此，深入探讨营运资本结构调整过程中的风险管理显得尤为重要。

（一）风险管理的必要性

营运资本结构调整涉及企业流动资产与流动负债的重新配置，在这一过程中，企业面临着市场环境变化、信用政策调整、存货管理、供应链管理以及金融工具运用等多方面的挑战。这些挑战涉及市场风险、信用风险、流动性风险、操作风险等多种风险，有效管理这些风险，对确保营运资本结构调整的顺利进行、维护企业的财务稳健性、实现企业的长期发展目标具有至关重要的意义。

（二）风险识别与评估

风险识别是风险管理的第一步，它要求企业全面、系统地梳理在营运资本结构调整过程中可能遇到的风险。这些风险可能来源于市场环境的变化、企业内部管理的不足、信息系统的缺陷、人员配置的不合理等多个方面。企业需要通过市场调研、内部审查、专家咨询等多种途径，充分识别和了解这些潜在风险。

在识别出潜在风险后，企业需要对这些风险进行评估。风险评估应综合考量风险的发生概率、影响范围、持续时间以及企业的风险承受能力等因素。通过风险评估，企业可以对各种风险进行排序和分类，从而确定风险管理的优先级和应对策略。

（三）风险应对策略

对营运资本调整可能出现的各种风险进行识别与评估后，企业需要制定有针对性的风险应对策略。这些策略应综合考量风险的发生概率、影响程度以及企业的风险承受能力和管理目标。

对于发生概率高且影响程度大的风险，企业应尽量规避。例如，在市场环境不稳定或政策不明朗的情况下，企业可以暂缓营运资本结构调整的进程，以避免因市场波动而造成损失。对于无法完全规避的风险，企业应采取措施降低其影响程度。例如，通过加强内部管理、优化信息系统、提高员工素质等方式，降低操作风险和信用风险；通过合理安排存货和应收账款的周期，降低流动性风险。

企业可以通过购买保险、签订合同等方式将部分风险转移给第三方。例如，通过为存货和应收账款购买保险的方式，减轻因自然灾害或客户违约而带来的损失；通过与供应商签订长期合作协议的方式，稳定原材料供应和价格，降低供应链风险。

对于发生概率低且影响程度小的风险，或者企业有能力承受的风险，企业可以选择接受，但接受风险并不意味着放任不管，企业仍需对其进行监控和评估，以确保其不会演变成更大的风险。

（四）风险监控与持续改进

营运资本结构调整过程中的风险管理是一个持续的过程，企业需要建立有效的风险监控机制，对风险进行实时监控和定期评估。监控机制应包括风险预警系统、风险报告制度、内部审计制度等。通过风险监控，企业可以及时发现并解决潜在风险，防止风险扩大和蔓延。

基于风险监控的结果，企业应不断优化风险管理流程和方法，提高风险管理的效率和效果。例如，通过引入先进的风险管理工具和技术，提高风险识别的准确性和风险评估的精确性；通过加强内部培训和沟通，提高员工的风险意识和风险管理能力；通过建立和完善风险管理制度，确保风险管理的规范化和制度化。

（五）风险管理的注意事项

营运资本结构调整过程中的风险管理需要保持灵活性。市场环境和企业内部状况的变化可能导致原有风险管理策略失效。因此，企业应密切关注市场动态和内部变化，及时调整风险管理策略。风险管理涉及多个部门的参与和配合。为了确保风险管理的有效实施，企业需要加强部门之间的沟通与协作，建立跨部门的风险管理团队，共同应对营运资本结构调整过程中的各种风险。

营运资本结构调整过程中的风险管理需要注意信息化建设。信息化建设在风险管理中发挥着重要作用，通过建立和完善信息系统，企业可以实现对风险数据的实时采集、分析和监控，提高风险管理的效率和准确性。

营运资本结构调整过程中的风险管理需要专业的人才支持，因此，企业应注重培养风险管理人才，提高他们的专业素养和实践能力。企业应通过内部培训、外部招聘等方式，建立一支高素质的风险管理团队，为企业的风险管理提供有力的人才保障。

四、营运资本结构调整的监控与反馈

营运资本结构调整是企业财务管理的重要策略，旨在通过优化流动资产与流动负债的配置，提高企业的资金运用效率和短期偿债能力。然而，这一调整过程并非静态的，而是一个动态过程，需要持续监控与反馈。

（一）营运资本结构调整监控的重要性

营运资本结构调整的监控是确保调整过程顺利进行并达到预期目标的关键环节，监控的及时性、准确性和有效性直接影响到企业资金的安全性、流动性和盈利能力。

通过监控,企业可以及时发现营运资本结构调整过程中的异常情况,如资金短缺、存货积压、应收账款逾期等,从而及时采取措施预防潜在风险。监控可以确保企业资金在调整过程中的合理流动和使用,防止资金被挪用、滥用,保障企业资金的安全。

通过监控,企业可以实时了解资金的流动状况,优化资金配置,提高资金的使用效率,从而降低资金成本。监控提供的数据和信息可以作为企业决策的依据,帮助企业制定更合理、更科学的营运资本管理策略。

(二)营运资本结构调整监控的内容与方法

营运资本结构调整的监控内容主要包括流动资产、流动负债以及它们之间的匹配关系。具体来说,监控的内容包括以下几个方面:

1. 流动资产监控

一是现金监控,关注企业现金的流入流出情况,确保现金的充足性和流动性。

二是存货监控,关注存货的周转率和库存水平,避免存货的积压和浪费。

三是应收账款监控,关注应收账款的回收情况和逾期率,确保应收账款的及时回收。

2. 流动负债监控

一是短期借款监控,关注短期借款的到期日和还款计划,确保按时还款,避免违约风险。

二是应付账款监控,关注应付账款的支付情况和账龄分布,合理安排资金支付,维护与供应商的良好关系。

3.流动资产与流动负债之间匹配关系监控

一是流动比率监控,关注流动比率的变化情况,确保流动资产能够覆盖流动负债,保障企业的短期偿债能力。

二是速动比率监控,关注速动比率的变化情况,在剔除存货等变现能力较弱的流动资产后,仍能保证企业具有短期偿债能力。

监控的方法主要包括以下几种:

一是定期报告制度。建立定期报告制度,要求相关部门定期提交营运资本结构调整的进展报告,包括流动资产、流动负债的变动情况以及存在的问题和风险。

二是内部审计。通过内部审计,对营运资本结构调整的过程和结果进行审查和评估,确保调整过程的合规性和有效性。

三是信息系统监控。利用信息系统对营运资本进行实时监控,通过数据分析和预警机制,及时发现异常情况并采取措施。

四是外部监督。邀请外部机构或专家对营运资本结构调整过程进行监督和评估,提供客观、专业的意见和建议。

(三)营运资本结构调整反馈机制的建立

反馈机制是营运资本结构调整不可或缺的一部分,它能够将监控结果及时反馈给相关部门,促使他们根据反馈信息进行调整和改进。反馈机制的建立应包括以下几个方面:

一是反馈渠道。建立畅通的反馈渠道,确保监控结果能够及时、准确地传递给相关部门。这可以通过内部会议、电子邮件、信息系统等方式实现。

二是反馈内容。反馈内容应包括监控结果、存在的问题和风险、改进建议等方面。反馈内容应具体、明确，具有针对性和可操作性。

三是反馈处理。相关部门在收到反馈后，应及时进行分析和处理，对于存在的问题和风险，应制定具体的改进措施和计划，并明确责任人和完成时间。

四是反馈跟踪。建立反馈跟踪机制，对改进措施的执行情况进行跟踪和评估，并及时调整和完善，确保改进措施得到有效实施。

第四章 营运资本预算与营运资本成本控制

第一节 营运资本预算的构成、计算与编制

在企业财务管理中，营运资本预算是至关重要的一环，直接关系到企业的日常运营、短期资金流动性和偿债能力。在深入探讨营运资本预算的构成要素与计算方法时，我们需要从多个维度进行分析，以确保预算的全面性和准确性。

一、营运资本预算的构成要素与计算方法

（一）营运资本预算的构成要素

应收账款是企业因销售商品或提供劳务而应向客户收取的款项。在营运资本预算中，应收账款是流动资产的重要组成部分。企业在进行预算时应考虑应收账款的回收期、坏账率等因素，以确保能够及时收回资金，维持正常的现金流量。存货是企业为了销售或生产而储备的物资。在营运资本预算中，对存货的管理至关重要。企业在进行预算时应关注存货的周转率、安全库存量等指标，以避免过多的资金占用，降低存货积压的风险。同时，

企业还需考虑存货的采购成本、存储成本等因素，以优化存货管理策略。

应付账款是企业因购买商品或接受劳务而应支付给供应商的款项。在营运资本预算中，应付账款被视为流动负债的一部分。通过合理利用应付账款的支付周期，企业可以在一定程度上缓解短期资金压力，提高资金使用效率。然而，企业也需避免因延迟支付而影响信誉和合作关系。现金及现金等价物是流动性最强的资产，也是营运资本预算中不可或缺的一部分。企业在进行预算时应考虑企业的日常运营资金需求、预防性资金需求以及投机性资金需求等因素，确保企业持有适量的现金及现金等价物以应对各种不确定性因素。

（二）营运资本预算的计算方法

1. 营运资本的计算公式

营运资本计算公式为：营运资本＝流动资产－流动负债。这个公式直观地反映了企业在短期内可用于经营活动的资金净额。

2. 流动资产的估算

流动资产的估算主要包括对应收账款、存货和现金及现金等价物等项目的预测。

一是应收账款。应收账款可以通过历史数据、销售预测和收款政策等因素来估算。例如，可以使用年销售收入除以应收账款周转次数来估算应收账款的期末余额。

二是存货。存货的估算需要考虑原材料的采购成本、在产品和产成品的生产成本以及市场需求等因素。企业可以采用经济订货量模型（EOQ）或JIT准时制生产方式等策略来优化存货管理。

三是现金及现金等价物。企业应基于企业的日常运营资金需求、预防性资金需求以及投机性资金需求等因素来估算现金及现金等价物。企业可以通过现金预算来详细规划未来一段时间的现金流入和流出情况。

3.流动负债的估算

流动负债的估算主要包括对应付账款、短期借款等项目的预测。

一是应付账款。应付账款可以通过历史采购数据、供应商付款政策等因素来估算。例如，企业可以使用年采购原材料成本除以应付账款周转次数来估算应付账款的期末余额。

二是短期借款。短期借款的估算应基于企业的资金需求、融资成本以及还款期限等因素。企业应根据实际情况选择合适的短期融资方式并合理安排还款计划。

二、营运资本预算的编制

营运资本预算的编制对于企业的财务管理至关重要，它不仅关乎企业短期资金的流动性和企业的偿债能力，还直接影响到企业的日常运营和长期发展。

（一）营运资本预算的编制流程

首先需要明确预算编制的目标和策略，包括确定预算期内的销售目标、生产计划、采购计划等，以及基于这些计划的营运资本需求预估。企业应根据市场趋势、内部资源状况及战略目标，合理设定预算目标，确保预算的可行性和有效性。

在编制预算之前，企业需要收集大量相关数据，包括历史财务数据、市场趋势分析、竞争对手情况、供应链信息等。通过对这些数据的分析，企业可以更准确地预测未来的销售收入、成本费用、现金流量等关键财务指标，为预算的编制提供有力支持。基于数据分析结果，企业可以初步编制营运资本预算草案。这一步骤通常包括预测销售收入、编制成本费用计划、估算现金流入流出量等。在编制过程中，企业应注意各项预算之间的协调性和一致性，确保预算的完整性和合理性。

预算草案编制完成后，需要经过内部审核和调整。审核的重点在于预算的合理性、可行性以及与战略目标的契合度。如果发现预算存在不合理之处或与企业战略目标不符，应及时进行调整。此外，还需要关注预算草案中的潜在风险，并制定相应的应对措施。经过审核和调整的预算草案，需要提交给企业管理层或预算委员会进行最终审批。一旦获得批准，预算将正式发布并执行。

在发布预算前，应明确各责任部门的预算指标和考核标准，确保预算的有效执行。预算发布后，各责任部门须严格按照预算计划执行。在执行过程中，企业应建立有效的监控机制，定期对预算执行情况进行分析和评估。如果发现预算的执行偏离了原计划或存在潜在问题，应及时采取措施进行纠偏或调整。预算年度结束后，企业应对预算执行情况进行全面评估和反馈。评估的内容包括预算完成情况、预算执行的效率和效果等。通过评估和反馈，企业可以总结预算执行的经验教训，为下一年度的预算编制提供参考。

（二）营运资本预算的编制原则

营运资本预算的编制应统筹兼顾企业的各项经济活动。在预算编制过程中，既要考虑销售收入的增长和利润最大化，又要关注现金流量的平衡和偿债能力的保障，通过统筹兼顾各项经济活动，确保企业在实现经济效益的同时保持稳健的财务状况。量入为出是营运资本预算编制的基本原则之一。企业在编制预算时，应根据预期的收入情况合理安排支出计划。确保在预算期内，企业的现金流入能够覆盖现金流出，避免出现资金链断裂的风险。

营运资本预算的编制应具有一定的灵活性。市场环境和企业内部条件的变化都可能影响预算的执行情况。因此，在预算编制过程中，企业应留有一定的余地，以便在预算执行过程中根据实际情况进行调整和优化。成本控制是营运资本预算管理的核心环节之一。企业在编制预算时，应严格控制各项成本费用的支出。通过优化成本结构、提高成本效益比等方式，降低企业的运营成本，提高企业的盈利能力。

营运资本预算的编制应注意现金流管理。现金流管理是企业财务管理的重中之重。在营运资本预算编制过程中，企业应特别关注现金流量的平衡和预测。通过合理安排现金流入流出量、优化现金持有量等方式，确保企业在预算期内保持稳健的现金流量状况。

营运资本预算的编制需注意风险防控。风险防控是营运资本预算编制不可忽视的重要方面。在预算编制过程中，企业应充分考虑潜在的市场风险、信用风险、操作风险等因素，并制定相应的应对措施。通过加强风险管理和内部控制，降低企业的财务风险和经营风险。

（三）编制营运资本预算的注意事项

不同行业在营运资本管理方面存在显著的差异。因此，在编制营运资本预算时，企业应充分考虑行业特点，结合自身的实际情况来制定合理的预算方案。

市场变化是影响企业营运资本预算的重要因素之一。在编制预算时，企业应密切关注市场动态和竞争环境，及时调整预算方案以应对市场变化带来的挑战和机遇。

内部控制是企业财务管理的重要组成部分。在营运资本预算的编制和执行过程中，企业应建立健全的内部控制制度，加强对各项财务活动的监督和管理，确保预算的准确性和有效性。

营运资本预算管理是一个动态的过程。根据企业内外部环境的变化和预算执行情况的反馈，企业应持续优化预算管理策略和方法，不断提高预算管理的水平和效果。

第二节　营运资本预算的滚动更新、调整、执行与监控

一、营运资本预算的滚动更新与调整

在企业财务管理中，营运资本预算的滚动更新与调整是一项持续且动态的任务，它要求企业根据内外部环境的变化，不断地对预算进行审视、修正和优化。这一过程不仅关乎预算的准确性和有效性，更直接影响到企业的资金运作效率、风险防控能力和战略目标的实现。

（一）营运资本预算滚动更新的必要性

市场环境是不断变化的，消费者需求、竞争对手的策略、原材料的价格等因素都会随着时间的推移而发生变化，这些变化都会对企业的营运资本需求产生影响。通过滚动更新预算，企业可以及时调整策略，以应对市

场变化带来的挑战。企业的生产能力、技术水平、组织结构等因素也会随着时间的推移而发生变化，这些变化同样会对营运资本预算产生影响。滚动更新预算可以确保预算内容与企业的实际情况保持一致。

预算在编制时往往基于一系列的假设和预测，而这些假设和预测可能随着时间的推移而变得不准确。通过滚动更新，企业可以及时发现并修正这些不准确之处，提高预算的准确性。滚动更新预算能够使企业更快地适应内外部环境的变化，从而增强企业的灵活性和应变能力，这对于企业在竞争激烈的市场环境中保持领先地位至关重要。

（二）营运资本预算滚动更新的原则

营运资本预算的滚动更新应遵循以下原则：

滚动更新应及时进行，以确保预算与企业的实际情况保持一致。当市场环境或企业内部发生重大变化时，应立即启动滚动更新程序。滚动更新应涵盖营运资本预算的所有方面，包括应收账款、应付账款、存货、现金及现金等价物等，不应遗漏任何可能对营运资本产生影响的项目。

滚动更新应基于准确的数据和信息。企业应确保所使用的数据和信息是最新、最准确的，以避免因数据不准确而导致的预算偏差。滚动更新后的预算应与企业的战略目标、业务计划和财务政策保持一致，这样可以确保预算的有效执行和监控。

（三）营运资本预算的调整方法

弹性预算法是一种根据业务量变动来调整预算的方法。在营运资本预算中，企业可以根据销售量的变化，相应地调整应收账款、存货等项目的预算金额。这种方法可以使预算更加贴近实际，提高预算的准确性和灵活性。

零基预算法是一种不考虑历史数据，从零开始编制预算的方法。在营运资本预算中，企业可以重新评估各项营运资本的需求，根据当前的市场环境和内部条件，制定新的预算方案。这种方法可以打破历史数据的束缚，使预算更加符合企业的实际情况。

滚动预算法是一种连续不断地编制和更新预算的方法。在营运资本预算中，企业可以设定一个固定的滚动周期（如一季度、半年或一年），在每个滚动周期结束时，根据实际情况和预测数据，对下一个滚动周期的预算进行更新和调整。这种方法可以使预算始终与企业的实际情况同步。

敏感性分析法是一种分析关键因素的方法。在营运资本预算中，企业可以识别出对营运资本需求产生重大影响的关键因素（如销售增长率、应收账款回收期、存货周转率等），并分析这些因素对预算的影响。这样可以帮助企业更好地应对不确定性因素，制定更加稳健的预算方案。

（四）营运资本预算滚动更新与调整的实施步骤

在营运资本预算滚动更新之前，企业需要收集和分析大量的数据和信息，包括市场环境变化、企业内部变化、历史数据对比等。这些数据和信息是营运资本预算滚动更新的基础。企业需要对当前预算的执行情况进行评估，分析预算出现偏差的原因，并确定是否需要调整预算。这一步骤可以帮助企业更好地了解预算的实际执行效果，为营运资本预算滚动更新提供依据。

根据收集的数据和数据分析结果以及预算执行情况的评估结果，企业可以制定营运资本预算滚动更新方案。方案应包括调整的项目、调整的金额、调整的原因以及调整后的预算金额等。营运资本预算滚动更新方案需要经过企业管理层或预算委员会的审批才能执行。在执行过程中，企业应建立有效的监控机制，确保营运资本预算滚动更新的有效实施。营运资本预算滚动更新是一个持续的过程。在执行过程中，企业应不断收集反馈意见，对滚动更新的效果进行评估，并根据评估结果进行持续改进。这样可以使营运资本预算滚动更新更加完善和有效。

二、营运资本预算的执行与监控

（一）营运资本预算的执行

营运资本预算的执行是企业确保资金有效流动、维持日常运营活动顺畅进行的关键环节。一个周密且高效的执行计划，结合有力的措施，能够显著提升企业财务管理的效能，保障企业的短期偿债能力和财务稳定性。

1. 营运资本预算执行计划

营运资本预算作为连接企业战略与日常运营的桥梁，其有效执行对于企业的持续发展至关重要。一个明确的执行计划能够确保预算目标得以实现、资金得到合理分配，同时也有助于企业及时应对市场变化、优化资源配置、提升整体竞争力。

要编制营运资本预算执行计划，企业首先需要明确营运资本预算的总体目标，如提高资金使用效率、降低财务风险等，并将这些目标细化为具体的财务指标，如应收账款周转率、存货周转率等，同时，要明确各部门在预算执行中的具体责任，确保预算目标与责任清晰对应。根据预算周期和企业的实际情况制定详细的预算执行时间表。时间表应包括预算的编制、审批、执行、监控和评估等环节，以及每个环节的具体时间节点和负责人。这有助于确保预算执行的有序进行，避免拖延和遗漏。

根据预算目标和时间表,合理分配企业内部的资源和资金,这包括确定各项运营活动所需的资金额度、资金来源以及资金使用的优先级。通过合理的资源配置,确保关键运营活动得到充足的资金支持,同时避免资源浪费和闲置。为了保障预算的有效执行,企业需要建立一套完善的监控机制。这包括定期收集和分析预算执行数据,对比实际执行情况与预算目标的差异,及时发现并解决问题。同时,监控机制还应包括对预算执行过程的审计和监督,确保资金使用的合规性和有效性。

2.营运资本预算的执行措施

应收账款是企业营运资本的重要组成部分。为了加速资金回笼,企业应加强对应收账款的管理,主要包括以下几个方面:建立完善的收款制度,明确收款流程和责任人;定期与客户对账,确保账款的准确性和及时性;对逾期账款进行催收,降低坏账风险。

存货管理直接影响企业的资金占用和运营成本。为了降低存货成本、提高资金周转率,企业应优化存货管理策略,主要包括以下几个方面:根据市场需求和预测,编制合理的采购计划,避免过度采购和存货积压;采用先进的存货管理系统,实现存货的实时监控和动态调整;加强与供应商的合作,降低采购成本并提高供货效率。

应付账款是企业流动负债的一部分,合理规划应付账款有助于优化企业的资金结构。企业应根据自身的资金状况和供应商政策,合理安排应付账款的支付时间和金额。

现金流是企业生存和发展的基础。为了保障现金流的稳定和充足,企业应加强现金流管理,主要包括以下几个方面:建立完善的现金流预测模型,对未来一段时间内的现金流入流出状况进行准确预测;制定现金流应急预案，以应对突发事件对企业现金流的影响；加强与金融机构的合作，拓宽融资渠道，提高融资灵活性。

信息化建设是提高营运资本预算执行效率的重要手段。企业应利用现代信息技术，建立完善的财务管理信息系统，实现财务数据的实时共享和监控。通过信息化建设，企业可以更加准确地掌握财务状况，及时发现并解决预算执行中的问题，提高财务管理的效率和准确性。

员工是营运资本预算执行的重要参与者。为了提高员工的执行力和积极性，企业应加强对员工的培训和激励，主要包括以下几个方面：定期对员工进行财务管理和预算执行方面的培训，提高员工的财务素养和执行能力；建立合理的激励机制，将预算执行效果与员工绩效挂钩，激发员工的积极性和创造力。

（二）营运资本预算的监控

营运资本预算的监控是企业财务管理的重要组成部分，科学、合理的监控指标体系，能够帮助企业及时发现并解决资本运营中的问题，优化资源配置，提升财务绩效。

1.营运资本预算监控指标体系的重要性

营运资本预算监控指标体系是企业财务管理决策的重要依据。通过对各项监控指标的分析和评估，企业可以了解营运资本的实际流动状况，判断预算执行情况的好坏，进而采取相应的措施进行调整和优化。这不仅有助于企业保持资金流动的平衡和稳定，还能够提高资金的使用效率，降低财务风险，为企业的持续健康发展提供有力支持。

2.营运资本预算监控指标体系的构成

营运资本预算监控指标体系通常包含多个方面的指标，这些指标相互关联、相互补充，共同构成了一个完整的营运资本预算监控体系。

（1）资金流动性指标

资金流动性指标主要反映企业营运资本的流动状况，包括现金比率、流动比率、速动比率等，这些指标能够帮助企业了解自身的现金储备和短期偿债能力，从而判断资金流动的充足程度和风险水平。资金流动性指标的主要内容如下：

①现金比率，指现金及现金等价物与流动负债的比率，反映企业直接偿付流动负债的能力。

②流动比率，指流动资产与流动负债的比率，反映企业短期偿债能力的总体水平。

③速动比率，指速动资产（流动资产减去存货等不易迅速变现的资产）与流动负债的比率，进一步反映企业短期偿债能力中的流动性部分。

（2）营运效率指标

营运效率指标主要反映企业营运资本的周转效率，包括应收账款周转率、存货周转率、应付账款周转率、营运资金周转率等。这些指标能够帮助企业了解营运资本在各个环节的周转速度，从而判断资金使用的效率和效果。营运效率指标的主要内容如下：

①应收账款周转率，指在一定时期内（通常为一年）应收账款转化为现金的平均次数，是营业收入与平均应收账款余额的比率，反映企业应收账款的回收速度和效率。

②存货周转率，指企业在一定周期内主营业成本与平均存货余额的比

率，反映企业存货的周转速度和效率。

③应付账款周转率，指年内应付账款的周转次数或周转天数，是主营业成本与平均应付账款余额的比率，反映企业应付账款的支付速度和效率。

④营运资金周转率，指营业收入与平均营运资金（流动资产减去流动负债）的比率，反映企业整体营运资金的利用效率。

（3）成本控制指标

成本控制指标主要反映企业在营运资本管理过程中控制成本的能力，包括财务费用率、管理费用率等。这些指标能够帮助企业了解营运资本管理过程中的成本支出情况，从而判断成本控制的效果和水平。成本控制指标的主要内容如下：

①财务费用率，指财务费用与营业收入的比率，反映企业融资成本的高低和控制财务费用的能力。

②管理费用率，指管理费用与营业收入的比率，反映企业控制行政管理费用的能力。

（4）风险控制指标

风险控制指标主要反映企业对营运资本流动过程中潜在风险的识别和防控能力，包括风险资本占比、风险敞口等。这些指标能够帮助企业及时发现和评估潜在的风险因素，从而采取相应的措施进行防范和控制。风险控制指标的主要内容如下：

①风险资本占比，指风险资本（如坏账准备、存货跌价准备等）占营运资本总额的比率，反映企业对潜在风险的识别和准备程度。

②风险敞口，指企业面临的各种潜在风险（如汇率风险、利率风险等）的大小和分布情况，反映企业整体风险水平。

3.营运资本预算监控指标体系构建的步骤

第一，根据企业的战略目标和财务管理需求，明确监控目标和重点。这包括确定需要重点关注的监控指标、监控频率和监控深度等。企业需通过内部统计和外部调研等方式收集相关数据，包括财务数据、经营数据等，并对数据进行整理和分析，确保数据的准确性和可靠性。

第二，根据企业的实际情况和行业标准，设定各项监控指标的标准值或预警阈值。这些标准值将作为判断监控指标好坏的依据。企业需利用信息化技术平台对监控指标进行实时监控和分析，通过定期报告、实时警报等方式，及时发现监控指标的异常情况并进行分析，针对监控指标异常情况制定相应的应对措施。这些措施可能包括调整预算、优化资金配置、加强内部控制等。同时，企业对应对措施的实施效果进行跟踪和评估。

第三节 营运资本成本控制技巧

一、存货成本控制

存货成本控制是企业管理的重要环节，直接关系到企业的盈利能力和市场竞争力。有效的存货成本控制不仅能够降低企业的运营成本，还能提高企业的资金周转率，增强企业的财务稳健性。

（一）存货成本控制的重要性

存货作为企业资产的重要组成部分，其管理效率直接影响到企业的运营效率和盈利能力。存货成本控制的重要性主要体现在以下几个方面：

第一，降低运营成本。通过合理的存货管理，企业可以减少不必要的库存积压，降低仓储费用和资金占用成本。

第二，提高资金周转率。有效的存货控制可以加速存货的周转，释放被占用的资金，提高企业的资金利用效率。

第三，优化资源配置。通过精确的存货预测和计划，可以确保企业资源的合理配置，避免资源浪费。

第四，增强市场竞争力。良好的存货管理可以确保企业及时响应市场需求，提高客户满意度，从而增强市场竞争力。

（二）存货成本控制的方法

1. 精确预测与计划

精确的预测与计划是存货成本控制的基础。企业应通过市场调研、历史数据分析等手段，准确预测市场需求，制定合理的销售计划和生产计划。同时，根据销售计划和生产计划，制定详细的存货采购计划和库存计划，确保存货的供需平衡。

2. 优化采购管理

采购管理是存货成本控制的关键环节。企业应通过以下措施优化采购管理：

第一，选择优质供应商。与信誉良好、价格合理的供应商建立长期合作关系，确保存货的质量和供应稳定性。

第二，集中采购。通过集中采购，可以降低采购成本，提高采购效率。

第三，合理定价。通过谈判、招标等方式，争取最优惠的采购价格。

第四，控制采购数量。根据实际需求和库存情况，合理控制采购数量，避免过度采购导致的库存积压。

3. 加强库存管理

库存管理是存货成本控制的核心。企业应通过以下措施加强库存管理：

第一，分类管理。根据存货的性质、用途和重要性，对存货进行分类管理，确保重点存货得到优先关注。

第二，定期盘点。定期对存货进行盘点，确保存货数量的准确性，及时发现并解决存货短缺或过剩的问题。

第三，先进先出。采用先进先出的原则，确保存货的及时更新和流转，避免存货过期或变质。

第四，库存预警。设置库存预警机制，当存货数量低于或高于预设阈值时，及时发出预警，提醒相关部门采取相应措施。

4. 提高销售效率

销售效率的提高有助于减少存货积压，降低存货成本。企业应通过以下措施提高销售效率：

第一，优化销售策略。根据市场需求和竞争状况，制定合理的销售策略，如促销活动、折扣政策等，刺激销售。

第二，加强销售团队建设。提高销售人员的专业素质和销售技巧，确保销售团队能够有效地推广产品和服务。

第三，拓展销售渠道。通过线上销售、线下门店、分销商等多种渠道，拓宽销售范围，提高销售效率。

(三)存货成本控制的策略

精益化管理是一种追求极致效率和效益的管理理念。在存货成本控制中,精益化管理要求企业从采购、生产、销售等环节入手,杜绝浪费,提高效率。例如,通过精益采购、精益生产、精益销售等措施,实现存货的精准控制和高效流转。

信息化管理是利用信息技术手段提高企业管理效率的重要手段。在存货成本控制中,信息化管理可以帮助企业实现存货的实时监控、精准预测和高效管理。例如,通过建立存货管理信息系统,实现存货数据的实时更新和共享;通过数据分析技术,对存货需求进行精准预测;通过物联网技术,实现存货的智能化管理和追踪。

供应链协同管理是一种强调供应链上下游企业协调合作的管理理念。在存货成本控制中,供应链协同管理可以帮助企业实现与供应商、分销商等合作伙伴的信息共享和协同作业,从而降低存货成本,提高供应链的整体效率。例如,通过与供应商建立紧密的合作关系,实现存货的联合管理和共同优化;通过与分销商共享销售数据,实现销售计划的协同制定和执行。

持续改进与创新是企业保持竞争优势和降低成本的重要途径。在存货成本控制过程中,企业应不断寻求改进和创新的机会,如引入新的存货管理方法和技术、优化存货管理流程、提高存货管理人员的专业素质等。通过持续改进与创新,企业可以不断降低存货成本,提高运营效率和市场竞争力。

二、应收账款成本控制与回收管理

应收账款成本控制与回收管理是企业财务管理的重要环节,对于企业的资金流动、经营效率和风险控制具有深远的影响。

（一）应收账款成本控制的重要性

应收账款是企业因销售商品或提供服务而形成的应收而未收的款项，是企业资产的重要组成部分。然而，应收账款的增加也会带来一系列的成本问题，包括资金占用成本、坏账损失成本、管理成本等增加。因此，控制应收账款成本对于企业的财务管理至关重要。应收账款成本控制的重要性主要体现在以下几个方面：

第一，降低资金占用成本。通过有效的应收账款管理，可以缩短收款周期，减少资金被占用的情况，从而降低资金占用成本。

第二，减少坏账损失。加强应收账款的回收管理，可以及时发现并处理潜在的坏账风险，减少坏账损失。

第三，提高经营效率。优化应收账款管理流程，可以提高企业的收款效率，进而提升整体经营效率。

第四，增强风险控制能力。通过对应收账款的严格管理，企业可以更好地控制信用风险，避免因过度赊销而导致的财务危机。

（二）应收账款成本控制策略

企业应建立完善的信用管理制度，对客户进行信用评估，根据客户的信用状况确定合理的赊销额度和收款期限。这有助于降低坏账风险，减少应收账款的积压。企业应优化收款流程，确保收款工作顺利进行。例如，可以建立专门的收款团队，负责跟踪和催收应收账款，同时利用信息化手段（如电子支付、自动对账等）提高收款效率。。

企业应加强对应收账款的内部控制，确保账款的准确性和安全性。例如，可以建立定期审计制度，对应收账款进行核查，同时加强对销售人员的培训和管理，防止因人为因素导致的账款损失。企业可以合理利用金融工具来降低应收账款成本。例如，可以通过保理业务将应收账款转让给金融机构，提前收回资金，或者利用信用保险来降低坏账风险。

（三）应收账款回收管理的重要性

应收账款回收管理是指企业对应收账款进行催收、跟踪和管理的过程。有效的回收管理对于企业的资金回笼、经营稳定和风险控制具有重要意义。通过积极的应收账款回收管理，可以确保企业及时收回款项，避免资金被长期占用，从而保障企业的资金流动性和经营稳定性。

通过及时跟踪和催收，企业可以发现并处理潜在的坏账风险，减少坏账损失。合理的回收管理策略可以在保障企业利益的同时，维护企业与客户的良好关系，避免因收款问题而导致客户流失。

（四）应收账款回收管理策略

企业应根据应收账款的账龄、金额和客户信用状况等因素，编制合理的催收计划。对于账龄较长、金额较大或信用状况较差的客户，应加大催收力度。企业应采用多种催收方式，如电话催收、邮件催收、上门催收等进行催收，以提高催收效果。同时，企业可以根据客户的实际情况和反应，灵活调整催收方式。

企业可以建立激励机制，鼓励销售人员和催收人员积极回收应收账款。例如，可以设置回收奖金、提成，以激发员工的积极性。在催收过程中，企业应加强与客户的沟通，了解客户的实际情况，寻求双方都能接受的解决方案。这有助于维护客户关系，提高回收效率。

第五章 营运资本风险管理

第一节 营运资本风险识别与评估

营运资本风险是指由营运资本不足、管理不善或外部环境变化等因素导致的企业财务状况和经营成果受损的可能性，对其进行识别与评估，有助于企业及时发现潜在的资金问题，采取相应的措施来降低风险。

一、营运资本风险的类型与特点

（一）营运资本风险的类型

营运资本风险类型多样，主要可以从内部和外部两个角度进行分类。

1. 内部风险

内部风险主要来自企业内部的管理问题，包括以下几个方面：

第一，存货风险。存货积压或短缺都可能带来风险。一方面，过多的存货会占用大量资金，可能导致企业资金流动性不足；另一方面，存货短缺可能影响生产进度，导致客户流失。

第二，应收账款风险。应收账款过多或回收不及时，会增加企业的坏账损失和资金占用成本，影响企业的资金周转和盈利能力。

第三，现金风险。企业持有的现金不足以满足日常经营活动的需要，或现金过多未能有效利用，都可能带来风险。前者可能导致企业无法支付应付账款，影响信誉；后者可能导致资金闲置，降低资金利用率。

第四，流动性风险。企业资产结构不合理，或流动资产与流动负债不匹配，可能导致企业面临流动性风险。例如，流动资产中的应收账款和存货占比过高，而货币资金和短期投资占比过低，会降低企业的支付能力和偿债能力。

2. 外部风险

外部风险主要来自市场环境的变化，包括以下几个方面：

第一，市场风险。市场需求变化、竞争加剧等因素可能导致企业产品销售不畅，影响企业的营业收入和现金流量。

第二，信用风险。客户或供应商的信用状况恶化可能导致应收账款无法按时回收或应付账款无法按时支付，增加企业的财务风险。

第三，利率风险。市场利率的波动可能影响企业的融资成本，进而影响企业的资金结构和财务状况。

第四，汇率风险。对于涉及跨境业务的企业，汇率波动可能导致企业的外汇资产贬值或负债增加，带来经济损失。

（二）营运资本风险的特点

营运资本风险是客观存在的，不以企业管理者的意志为转移。无论企业管理者是否意识到或承认这种风险的存在，风险都始终伴随着企业的运营活动。这种客观性要求企业管理者必须具备风险意识，时刻关注营运资本的风险状况。

营运资本风险具有复杂性，主要体现在两个方面：营运资本涉及企业的多个环节和部门，包括采购、生产、销售、财务等，任何一个环节或部门出现问题都可能影响整个营运资本的安全；营运资本风险受到多种因素的影响，包括内部管理问题、市场环境变化、政策调整等，这些因素相互作用、相互影响，使得营运资本风险更加复杂多变。

营运资本风险具有传递性，即某一环节的风险可能会传递到其他环节，进而影响整个企业的运营活动。例如，应收账款回收不及时可能导致企业资金短缺，进而影响采购和生产活动；存货积压可能占用大量资金，降低企业的流动性。这种传递性要求企业必须具备全局观念，注重各个环节的协调和配合。

营运资本风险一旦爆发，其破坏性往往较大。由于营运资本是企业日常运营活动所必需的流动资金，一旦出现问题，将直接影响企业的生产经营和财务状况。严重的营运资本风险可能导致企业资金链断裂、无法支付应付账款、信誉受损等严重后果，甚至危及企业的生存和发展。

营运资本风险并非一成不变的，而是随着市场环境和企业内部条件的变化而不断变化的。例如，市场需求的波动、政策调整、内部管理改善等因素都可能影响营运资本的风险状况。这种可变性要求企业必须具备敏锐的市场洞察力和灵活的风险应对能力，及时调整和优化营运资本管理策略。

营运资本风险往往具有一定的潜在性和隐蔽性。在风险爆发之前，企业可能难以察觉其存在。例如，存货积压或应收账款过多等问题可能会在暗中逐渐积累，直到达到一定程度时才显现出来。这种潜在性与隐蔽性要求企业管理者必须具备高度的风险意识，能够及时发现和识别潜在风险。

二、营运资本风险识别的方法与工具

营运资本风险识别是企业管理的重要环节，它涉及对可能影响企业日常运营活动的各种风险因素的识别与分析。有效的风险识别不仅有助于企业及时发现潜在的风险点，还能为后续的风险评估和应对提供基础数据。

营运资本风险识别是风险管理的第一步，它直接关系到企业能否有效应对潜在的风险，保障企业的财务安全和经营稳定。通过风险识别，企业可以全面了解自身面临的各类风险，包括内部风险和外部风险，为企业确定发展方向提供依据。同时，风险识别还能帮助企业提前发现潜在的风险点，避免风险扩大或转化为实际损失。

（一）营运资本风险识别的方法

营运资本风险识别的方法多种多样，企业可以根据自身情况和实际需求选择合适的方法。

头脑风暴法是一种通过集体讨论来激发创新思维的方法。在营运资本风险识别过程中，企业可以组织相关部门和人员召开头脑风暴会议，鼓励大家自由发表意见，集思广益，识别潜在的营运资本风险。这种方法可以充分发挥团队成员的创造力和想象力，有助于发现一些使用常规方法难以发现的风险点。

德尔菲法又称专家调查法，主要依靠专家的直观思维和经验判断。企业可以邀请行业内的专家，通过问卷调查的方式收集专家对营运资本风险的看法和意见。然后，对收集到的意见进行汇总整理，再反馈给专家进行下一轮调查。经过多轮调查，专家的意见会逐渐趋于一致，从而识别出潜在的营运资本风险。这种方法具有较高的权威性和可靠性，但成本较高且耗时较长。

流程图法是通过绘制企业的业务流程图来识别风险的方法。企业可以针对营运资本管理的各个环节绘制流程图，包括采购、生产、销售、收款等环节，然后，对流程图中的每个环节进行分析，识别出可能存在的风险点。这种方法可以直观地展示企业的业务流程和风险点分布情况，有助于企业全面了解自身面临的风险。

情景分析法是通过模拟不同的未来情景来识别风险的方法。企业可以基于当前的市场环境和内部条件，设计多种可能的未来情景，然后，对每种情景进行详细分析，评估其发生的概率和影响程度，从而识别出潜在的营运资本风险。这种方法可以帮助企业提前预警潜在的风险点，并制定相应的应对策略。

核对表法是将企业面临的风险因素列成一张表格，然后与实际情况进行核对来识别风险的方法。企业可以根据自身的实际情况和行业经验，设计一张营运资本风险核对表，然后，对核对表中的每个风险因素进行逐一核对，判断企业中是否存在这些风险因素。这种方法简单易行，但需要企业具备丰富的行业经验和专业知识。

财务报表分析法是通过分析企业的财务报表来识别风险的方法。企业可以通过分析资产负债表、利润表、现金流量表等财务报表中的关键指标和数据，识别出企业面临的财务风险和经营风险。这种方法具有较高的客观性和可靠性，但需要相关人员具备专业的财务分析能力。

（二）营运资本风险识别的工具

除了上述方法外，企业还可以借助一些工具来识别营运资本风险。

风险识别矩阵是一种将潜在风险按照发生概率和影响程度进行分类和排序的工具。通过风险识别矩阵，企业可以直观地了解各种风险的重要性和紧迫性，从而优先处理高风险点。

风险登记册是一种记录和跟踪已识别风险的工具。企业可以将识别出的营运资本风险记录在风险登记册中，包括风险名称、风险描述、发生概率、影响程度、责任人等信息。通过风险登记册，企业可以系统地管理和监控风险的变化和发展情况，并及时采取相应的应对措施。

SWOT分析法是一种通过评估企业内外部的优势、劣势、机会和威胁来识别风险的方法。企业可以利用SWOT分析法对自身的营运资本管理状况进行全面评估，识别出潜在的风险。这种方法有助于企业全面了解自身状况和市场环境，为后续的决策制定提供依据。

专家系统是一种利用人工智能技术模拟专家思维和决策过程的工具。通过输入相关的数据和信息，专家系统能够自动识别和评估潜在的营运资本风险。这种方法可以大大提高风险识别的效率和准确性，但需要企业具备相应的技术支持和资金投入。

数据分析工具是一种利用大数据和机器学习技术对数据进行分析和挖掘的工具。这种方法可以处理大规模的数据集并快速识别关键的风险因素，但需要相关人员具备相应的数据处理和分析能力。

三、营运资本风险评估的流程与标准

营运资本风险评估是企业管理的重要环节，它涉及对企业日常运营所需资金的充足性、流动性和安全性的全面评估。通过科学系统的评估流程与标准，企业可以及时发现并应对潜在的资本风险，确保企业的稳健运营和可持续发展。

（一）营运资本风险评估的流程

营运资本风险评估的流程通常包括确定评估范围和目标、组建评估团队、收集信息、风险识别、风险分析、风险评价、制定应对措施、监控与审查等步骤。

第一，确定评估范围和目标。风险评估的范围可以是一个特定的项目、业务流程、部门或整个企业；评估的目标可以是识别可能影响项目成功的风险、评估企业面临的财务风险等。确定范围和目标有助于企业集中资源和精力对营运资本风险进行评估，可以确保评估的针对性和有效性。

第二，组建评估团队。评估团队的成员应涵盖不同专业、不同部门的人员，如风险管理专家、财务人员、技术专家、运营人员等。他们能够从不同角度识别和分析营运资本风险，并提供全面的评估结果。

第三，收集信息，包括内部和外部信息。内部信息收集主要通过查阅企业的战略规划、业务流程文档、财务报表、项目计划等内部资料，了解企业的运营情况和目标。外部信息收集则研究行业动态、市场趋势、竞争对手情况等外部因素，了解企业所处的外部环境。此外，这一环节还需关注法律法规的变化，确保企业的运营符合法律要求。

第四，风险识别。企业要综合运用多种风险识别方法，全面识别潜在的风险。常见的风险识别方法包括头脑风暴法、流程图分析法、德尔菲法、检查表法等。这些方法有助于企业从不同的角度识别潜在风险，确保营运资本风险识别的全面性和准确性。

第五，风险分析。风险分析可以采用定性或定量的方法，定性方法如高、中、低等级划分，定量方法如使用概率统计模型进行计算。风险对企业目标的影响程度，可以从财务、声誉、运营等多个方面进行考虑。

第六，风险评价。风险评价通常采用风险矩阵等工具，将风险的可能性和影响程度进行组合，确定风险的优先级。高优先级的风险需要优先采取风险管理措施。

第七，制定应对措施。针对已确定的高优先级的营运资本风险，企业需要制定相应的应对措施。应对措施应包括风险控制、风险转移、风险规避和风险接受等多种策略，以确保企业能够有效地应对各种风险。

第八，监控与审查。企业应建立风险监控机制，定期对营运资本风险进行监控和审查。监控风险的变化情况，评估风险管理策略的有效性。如果发现新的风险或风险状况发生变化，企业应及时调整风险评估和管理策略。

（二）营运资本风险评估的标准

营运资本风险评估的标准涉及多个方面，包括财务标准、运营标准、市场标准以及法律合规标准等。

1. 财务标准

财务标准主要关注企业的资金流动性和偿债能力。常用的财务指标包括流动比率、速动比率和现金比率。这些指标可以帮助企业评估其短期偿债能力，确保企业在短期内能够偿还债务。此外，企业还需关注自身的现金流量状况，确保企业的日常运营资金充足。常用的财务指标如下：

（1）流动比率，即流动资产与流动负债的比率，用于衡量企业短期偿债能力。

（2）速动比率，即扣除存货后的流动资产与流动负债的比率，用于衡量企业更为严格的短期偿债能力。

（3）现金比率，即现金及现金等价物与流动负债的比率，用于衡量企业直接偿付流动负债的能力。

2. 运营标准

运营标准关注企业日常运营过程中的效率和稳定性，包括存货周转率、应收账款周转率、应付账款周转率等指标。

（1）存货周转率，即销售成本与平均存货余额的比率，用于衡量企业存货管理的效率。

（2）应收账款周转率，即赊销净收入与平均应收账款余额的比率，用于衡量企业应收账款的回收效率。

（3）应付账款周转率，即购货成本与平均应付账款余额的比率，用于衡量企业应付账款管理的效率。

3. 市场标准

市场标准关注企业所处的市场环境及其变化趋势，包括市场需求、市场竞争、消费者偏好等因素对企业营运资本的影响。

（1）市场需求。企业要评估市场对企业产品或服务的需求状况，了解市场需求的波动趋势。

（2）市场竞争。企业要分析竞争对手的运营状况和市场策略，评估市场竞争态势的变化。

（3）消费者偏好。企业要了解消费者的需求和偏好，评估消费者偏好的转移对企业市场前景的影响。

4.法律合规标准

法律合规标准关注企业运营过程中可能面临的各种法律风险，包括知识产权侵权风险、合同纠纷风险、法律法规变更风险等。

（1）知识产权风险。企业要评估企业知识产权的保护状况，确保不侵犯他人的知识产权。

（2）合同纠纷风险。企业要审查企业签订的各类合同，确保合同条款合法合规，避免合同纠纷。

（3）法律法规变更风险。企业要关注法律法规的变化，确保企业的运营符合法律要求，避免因法律变更导致的风险。

第二节 营运资本流动性风险的管理与应对

一、营运资本流动性风险的监测与预警机制

营运资本流动性风险是企业在运营过程中面临的重要挑战之一，它关乎企业能否以合理成本及时获得充足资金以应对日常运营、到期债务偿还及其他资金需求。因此，建立一套科学有效的营运资本流动性风险监测与预警机制，对于确保企业的稳健运营具有重要意义。

（一）营运资本流动性风险监测指标的选择与设计

监测指标是营运资本流动性风险监测的基础，它们能够反映企业资金的流动性状况及潜在风险。合理的监测指标选择和设计对于准确识别风险

至关重要。

1. 流动性比率

流动性比率是衡量企业短期偿债能力的重要指标，包括流动比率、速动比率和现金比率等。这些比率通过比较企业的流动资产（或速动资产、现金及现金等价物）与流动负债，评估企业在短期内偿还债务的能力。

2. 现金流量指标

现金流量指标关注企业现金流入流出的动态情况，包括经营活动现金流量净额、投资活动现金流量净额和筹资活动现金流量净额等。这些指标能够反映企业现金的生成能力和使用效率，对于评估企业流动性风险具有重要参考价值。

3. 资产负债结构指标

资产负债结构指标，如资产负债率、长期负债比率等，能够反映企业资产与负债的匹配情况，以及企业的长期偿债能力。合理的资产负债结构有助于降低流动性风险，提高企业的财务稳定性。

4. 金融市场相关指标

金融市场相关指标，如利率波动、信用利差等，能够反映外部金融环境对企业流动性状况的影响。这些指标的变化可能影响企业的融资成本和市场信心，进而加剧流动性风险。

（二）营运资本流动性风险预警机制的构建

营运资本流动性风险预警机制是营运资本流动性风险管理的核心环节，它能够在风险发生之前或风险发生初期及时发出警报，为企业采取应对措施争取时间。构建营运资本流动性风险预警机制需要注意两个方面。

一是根据历史数据和行业标准，为各监测指标设定合理的预警阈值。当监测到的指标值达到或超过这些阈值时，即会触发预警机制。预警阈值的设定应考虑企业的实际情况和市场环境的变化，以确保预警的准确性和及时性。企业可以利用统计学或机器学习等方法建立预警模型，对监测指标进行综合分析，预测流动性风险的发生概率和严重程度。预警模型可以根据企业的具体情况进行设计，以提高预警的准确性和针对性。

二是建立实时监控系统，对监测指标进行持续跟踪和记录。当监测到异常情况或触发预警阈值时，系统会自动发出预警信号，并通过邮件、短信等方式通知相关人员。同时，系统应记录预警发生的时间、原因及后续处理情况，以便后续分析和改进。

（三）营运资本流动性风险应急措施与响应

营运资本流动性风险应急措施是应对营运资本流动性风险的重要手段。一旦预警机制发出警报，企业应立即启动应急预案，采取有效措施控制风险并减少损失。应成立应急领导小组，由企业高层领导担任组长，相关部门负责人担任成员，负责应对流动性风险。应急领导小组应制定详细的应急预案和操作指南，明确各成员的职责和风险应对措施。

企业应及时向监管部门、投资者和公众披露流动性风险状况及应对措施，同时，加强与金融机构和合作伙伴的沟通，寻求外部支持和帮助。企业还应通过出售资产、增加融资渠道、调整存款利率等方式，优化资产负债结构，提高流动性。例如，企业可以出售部分非核心资产以获取现金流入，或者通过发行债券、向银行申请贷款等方式拓宽融资渠道。

企业应建立完善的资金流动性管理体系，加强对现金流的预测和管理。企业可以通过编制详细的现金流量计划、建立资金集中管理机制等方式，确保企业资金流动的稳定性和可控性。企业还要注意对高风险业务进行隔离处理，降低整体流动性风险。例如，企业可以暂停部分高风险业务或项目，以及通过设立防火墙等方式将高风险业务与低风险业务进行隔离。

（四）营运资本流动性风险的监测与预警机制的持续优化与改进

营运资本流动性风险的监测与预警机制需要随着市场环境和企业实际情况的变化而不断优化和改进，企业需要定期对监测指标和预警机制进行评估和调整。具体包括以下两个方面：

一方面，要建立健全内部控制和评审制度，对企业内部控制制度进行检查和评价。通过内部审计和外部审计等方式，企业能够发现内部控制的缺陷和漏洞，及时制定改进措施并落实到位。企业还应该密切关注宏观经济和市场动态变化对企业流动性状况的影响。例如，关注政策利率调整、市场流动性状况变化等因素，及时分析这些因素对企业流动性的影响，并制定相应的应对措施。

另一方面，要加强员工对营运资本流动性风险的认识和培训。企业可通过定期举办培训班、分享会等方式提高员工的风险意识和应对能力，鼓励员工积极参与风险管理和内部控制工作。

二、营运资本流动性风险的应对策略

营运资本流动性风险可能严重影响企业的正常运营和长期发展。为了有效应对这一风险，企业需要制定一套全面、系统的应对策略。

（一）风险识别

风险识别是营运资本流动性风险管理的第一步，也是最为关键的一步。企业需要通过各种途径，如财务分析、市场调研、内部审计等，识别可能导致流动性风险的各种因素。

第一，财务分析。企业应定期进行财务分析，主要包括对资产负债表、利润表、现金流量表的分析，以便了解企业的财务状况和资金流动情况。通过对比历史数据和行业平均水平，企业可以识别出潜在的流动性风险点。

第二，市场调研。市场调研可以帮助企业了解市场需求、竞争对手情况、行业发展趋势等，从而预测未来的资金需求和收入来源。这有助于企业提前规划资金流动，避免资金链断裂。

第三，内部审计。内部审计是对企业内部管理、财务状况、业务流程等进行全面检查的过程。通过内部审计，企业可以发现潜在的管理漏洞和财务风险，及时采取措施进行整改。

（二）风险预防

在识别出流动性风险后，企业应采取积极的预防措施，以降低风险发生的可能性和影响程度。具体来说，可采取以下策略：

企业应合理安排债务和股权的比例，避免过度依赖债务融资。同时，应关注债务到期日的分布，确保资金流动与债务偿还相匹配。企业应建立完善的现金流管理制度，包括现金预算、现金收支监控、现金储备管理等。通过实时监控现金流状况，企业可以及时发现并解决资金流动问题。

企业应保持一定的资产流动性，以便在需要时能够快速将资产变现以获取资金。这可以通过持有适量的现金及现金等价物、优化存货管理、提高应收账款回收率等方式实现。

（三）风险控制

当流动性风险已经发生时，企业应采取有效的控制措施防止风险进一步扩散和恶化。

在资金链紧张时，企业可以通过向银行申请贷款、发行债券、引入战略投资者等方式进行紧急融资，以缓解资金压力。为了快速获取资金，企业可以考虑出售部分非核心资产或闲置资产，这不仅可以增加企业的现金流，还可以优化企业的资产结构。

在资金紧张的情况下，企业应严格控制成本开支，包括减少不必要的支出、优化采购策略、提高生产效率等。通过降低成本，企业可以减轻资金压力并提高盈利能力。如果某些业务或项目导致资金流失或占用过多资金，企业应考虑进行业务调整或项目终止。通过聚焦核心业务和盈利项目，企业可以优化资源配置并提高资金利用效率。

（四）风险转移

除了直接控制和应对流动性风险外，企业还可以通过风险转移的方式将部分风险转移给其他主体。

第一，保险。企业可以购买相关保险来转移部分财务风险。例如，通过购买信用保险来降低应收账款坏账损失风险，通过购买财产保险来降低因自然灾害或意外事故导致的资产损失风险。

第二，合作与联盟。企业可以与其他企业建立合作关系或加入行业联盟，通过共享资源、分担风险等方式来降低流动性风险。例如，通过供应链金融合作，企业可以获得更稳定的资金来源和更优惠的融资条件。

第三，外包与租赁。对于某些非核心业务或资产，企业可以考虑通过外包或租赁的方式将其转移给专业机构或第三方，这不仅可以降低企业的运营成本和资金占用，还可以提高业务效率和灵活性。

（五）风险应对的后续管理

企业还应加强风险应对的后续管理，以确保风险得到控制，最终得以彻底解决。

企业应对风险应对过程进行总结和评估，分析风险发生的原因、应对措施的有效性以及风险应对策略存在的不足之处。通过总结和评估，企业可以积累经验教训并改进风险管理策略。根据风险应对的经验和教训，企业应不断完善风险管理制度和流程，包括更新风险识别方法、优化风险预警系统、加强内部控制等。通过不断完善风险管理制度，企业可以提高风险管理的效率和效果。

企业应加强对员工的培训和教育，提高员工的风险意识和风险应对能力。通过定期举办风险管理培训、分享会等活动，可以让员工更好地了解风险管理的重要性和方法技巧。同时，企业还应鼓励员工积极参与风险管理工作，形成良好的风险管理氛围。

第三节　营运资本信用风险管理与防范

一、营运资本信用风险的识别与评估

营运资本信用风险是企业在运营过程中面临的一种重要风险，它直接关系到企业的资金流动性和财务稳健性。为了有效应对营运资本信用风险，企业需要建立一套科学的识别与评估方法，以便及时发现潜在风险并采取相应的管理措施。

营运资本信用风险是指企业在以信用关系为纽带的交易过程中，由于交易对手无法按时、足额履行其信用义务，从而给企业带来经济损失的可能性。这种风险广泛存在于企业的赊销商品、对外投资、发行债券等信用交易活动中。营运资本信用风险的产生，不仅会影响企业的资金流动性和财务稳健性，还可能对企业的生产经营活动造成严重影响，甚至将企业置于破产的境地。

（一）营运资本信用风险的识别方法

流程分析法能够通过对企业运营流程的全面梳理和分析，识别出可能产生信用风险的关键环节和潜在风险点。企业应详细审查其销售、采购、投资、融资等各个环节的信用交易流程，分析各环节是否存在信息不对称、信用评估不足、合同条款不明确等问题，从而确定信用风险的来源和表现形式。

客户信用评估是识别营运资本信用风险的重要手段。企业应对其客户进行全面的信用评估，包括客户的财务状况、经营能力、行业地位、历史履约记录等方面。通过收集和分析客户的信用信息，企业可以评估客户的信用风险水平，并据此制定合适的信用政策。

行业与市场分析有助于企业了解整个行业的信用风险状况和市场发展趋势。企业应关注行业的竞争格局、市场需求变化、政策法规调整等因素对信用风险的影响。同时，企业还应密切关注市场动态，了解竞争对手的信用状况和市场行为，以便及时调整自身的信用管理策略。

财务数据分析是评估企业营运资本信用风险的重要依据。企业应定期分析其财务报表中的关键财务指标，如应收账款周转率、存货周转率、资产负债率、流动比率等，以评估企业的资金流动性和偿债能力。通过对比历史数据和行业平均水平，企业可以发现潜在的财务风险点，并采取相应的管理措施。

（二）营运资本信用风险的评估指标

偿债能力指标用于评估企业偿还到期债务的能力。常用的偿债能力指标包括流动比率、速动比率、现金比率等。这些指标反映了企业短期内的资金流动性和偿债能力，是评估企业营运资本信用风险的重要参考。

营运能力指标反映了企业资产的使用效率和周转速度。常用的营运能力指标包括应收账款周转率、存货周转率、总资产周转率等。这些指标有助于企业了解其资产运营效率和资金使用效果，从而评估其信用风险水平。

盈利能力指标是企业生存和发展的基础，也是评估其信用风险的重要参考。常用的盈利能力指标包括净利润率、毛利率、总资产收益率等。这些指标反映了企业的盈利能力和经营效益，有助于企业评估其未来偿还债务的能力。

客户信用等级是企业对客户信用风险水平的直接评估结果。企业应建立科学的客户信用评估体系，对客户的财务状况、经营能力、行业地位、历史履约记录等进行全面评估，并据此确定客户的信用等级。客户的信用等级越高，其信用风险水平越低；反之，则越高。

（三）营运资本信用风险的综合评估体系

为了全面、准确地评估企业的营运资本信用风险，企业需要建立一套综合评估体系。该体系应包括以下几个方面：

企业应根据自身实际情况和市场环境，选择合适的评估模型进行信用风险评估。常用的评估模型有信用评分模型、财务比率分析模型、专家判断模型等。这些模型可以结合多种评估指标和方法，对企业信用风险进行全面、客观的评估。

企业应建立完善的信用信息收集系统，收集包括客户信用信息、行业市场信息、政策法规信息等在内的全面信用信息。通过收集和分析这些信息，企业可以更加准确地评估其信用风险水平。

企业应建立动态监控与预警机制，对其信用风险进行实时监控和预警。通过设定关键指标和阈值，企业可以及时发现潜在的信用风险点，并采取相应的管理措施进行防范和化解。同时，企业还应定期对信用风险评估结果进行复核和更新，以确保评估结果的准确性和时效性。

内部控制与审计是保障企业营运资本信用风险评估准确性和有效性的重要手段。企业应建立健全的内部控制体系，明确各部门和岗位的职责和权限，确保信用风险评估工作能够顺利开展。同时，企业还应加强内部审计工作，对信用风险评估过程和结果进行定期审查和验证，以发现潜在的管理漏洞和财务风险点。

二、营运资本信用风险管理的策略与工具

在企业的日常运营中,营运资本信用风险是不可避免的挑战之一。有效的信用风险管理不仅关乎企业的财务健康,还直接影响企业的市场地位、客户关系及长远发展。因此,制定并实施科学的信用风险管理策略,运用合适的工具来识别、评估、监控和应对信用风险,对于企业来说至关重要。

(一)营运资本信用风险管理的策略

企业应建立一套全面的信用风险管理框架,明确信用风险管理的目标、原则、流程和组织架构。该框架应涵盖信用政策的制定、客户信用评估、授信审批、应收账款管理、坏账准备计提、风险预警与应对等各个环节,确保信用风险管理的系统性和连续性。信用政策是企业与客户进行信用交易的基本准则。企业应根据市场环境、客户特点、自身财务状况等因素,制定合理的信用期限、信用额度、折扣条件。同时,信用政策应具有灵活性,能够随着市场变化和客户需求进行调整。

客户信用评估是识别信用风险的关键环节。企业应建立一套科学的客户信用评估体系,运用5C原则(品质、能力、资本、抵押品、条件)等评估方法对客户进行全面的信用评估。评估结果应作为授信审批的重要依据,确保将信用风险控制在可接受的范围内。应收账款是企业营运资本的重要组成部分,也是信用风险的主要来源之一。企业应加强应收账款管理,建立完善的催收机制和坏账准备制度。通过定期分析应收账款账龄、监控逾期账款情况、采取有效的催收措施等手段,降低坏账损失风险。同时,合理计提坏账准备,确保企业财务报告的准确性和稳健性。企业应建立风险预警与应对机制,通过定期分析财务数据、监测市场变化、评估客户信用

状况等手段，及时发现潜在的信用风险点。一旦出现风险预警信号，企业应立即启动应急预案，采取相应的风险应对措施，将损失降到最低。

（二）营运资本信用风险管理的工具

信用评分模型是一种基于历史数据和统计方法的信用评估工具。企业可以利用信用评分模型对客户进行信用评分，以预测其未来违约的可能性。常用的信用评分模型包括 Logistic 回归模型、决策树模型、神经网络模型等。通过运用信用评分模型，企业可以更加客观、准确地评估客户的信用风险水平。

财务比率分析是企业进行信用风险评估的重要工具之一。通过计算和分析客户的各项财务比率指标（如流动比率、速动比率、资产负债率、应收账款周转率等），企业可以评估客户在财务状况、偿债能力和营运能力等方面的风险水平。财务比率分析有助于企业发现潜在的财务风险点，并采取相应的管理措施进行防范和应对。

风险矩阵和风险优先级排序是帮助企业识别、评估和管理风险的重要工具。企业可以将识别出的信用风险按照其可能性和影响程度进行分类和排序，形成风险矩阵或风险优先级列表。通过这种方法，企业可以更加清晰地了解各项风险的重要性和紧急性，从而有针对性地制定风险管理策略和资源分配计划。

企业应建立风险监控与报告系统，对信用风险状况进行实时监控和定期报告。该系统应涵盖数据收集、处理、分析和报告等环节，确保企业能够及时获取准确的信用风险信息。通过定期编制信用风险报告，企业可以向管理层提供有关信用风险状况的全面分析和建议，以便管理层做出更加明智的决策。

随着市场的发展和技术的进步，越来越多的第三方风险管理工具涌现出来。这些工具可以帮助企业更加高效地管理信用风险。例如，一些专业的信用风险管理软件可以提供全面的信用评估、监控和报告功能，一些第三方信用服务机构可以提供客户信用信息查询、信用评分等服务。企业可以根据自身需求选择合适的第三方风险管理工具来提高信用风险管理的效率和准确性。为了转移部分信用风险，企业可以考虑购买信用保险或保理业务。信用保险是一种为企业提供信用保障的保险产品，当客户违约时，保险公司将按照合同约定赔偿企业的损失。保理则是一种将应收账款转让给保理商以获得资金支持的金融服务方式，保理商将承担部分或全部应收账款的信用风险。这些工具可以在一定程度上降低企业的信用风险暴露程度，提高企业的财务稳健性。

三、营运资本信用保险与信用担保的应用

在企业的营运资本管理中，信用风险和资金流动性是两个重要的方面。为了有效应对信用风险，保障企业的资金安全，信用保险与信用担保成为企业常用的风险管理工具。

（一）营运资本信用保险的应用

1. 定义与作用

营运资本信用保险是一种为企业在经营过程中因客户违约或不良债务等风险而引发的损失提供保障的保险业务。当企业的应收账款因买方无力支付或故意拖欠而成为坏账时，信用保险可以为企业提供经济赔偿，从而减轻企业的财务压力，保障企业的资金流动性。

2. 主要应用场景

在国际贸易和国内贸易中，信用保险能够为供应商和买方提供信用风险保障，促进贸易的顺利进行。当买方违约时，保险公司将按照合同约定赔偿供应商的损失，从而保障供应商的资金回笼。

信用保险可以覆盖企业的应收账款，降低坏账风险。通过购买信用保险，企业可以增强提高资金周转效率。在企业融资过程中，信用保险可以作为增信手段，提高企业的融资能力。银行在审批贷款时，通常会考虑企业的还款能力和信用状况。拥有信用保险的企业，其应收账款的安全性得到保障，因此更容易获得银行的贷款授信。

（二）营运资本信用担保的应用

1. 定义与作用

信用担保是指担保人（通常为担保公司或金融机构）为借款人的贷款、债券发行等融资行为提供的还款保证。当借款人无法按时还款时，担保人将承担还款责任。信用担保作为一种信贷风险管理工具，通过第三方的介入，降低贷款人的信贷风险，同时提高借款人的融资能力。

2. 主要应用场景

中小企业由于信用状况较差、抵押物不足等原因，往往难以获得银行贷款。通过信用担保机构的介入，中小企业可以获得银行的贷款支持，解决融资难题。担保机构在债务人和债权人之间搭建桥梁，为双方提供信誉保障，促进金融交易的顺利进行。

在境外发行债券和融资的过程中，信用担保也发挥着重要作用。担保机构可以为企业提供融资的信用担保，降低融资成本，提高融资成功率。

同时，信用担保还有助于提高企业在国际市场上的信用评级和知名度。这是一种创新的融资方式，通过与银行签署法人按揭业务的框架协议，企业能够获得银行授予一定额度。企业利用自身信用分析和评价，向客户推荐贷款，银行进行授信评级后确定是否提供贷款。这种方式加速了贷款回收，使银行参与企业间的信用交易，能够有效控制风险。

（三）营运资本信用保险与信用担保的协同效应

在企业的营运资本管理中，信用保险与信用担保往往可以相互补充、相互促进，形成协同效应。一方面，信用保险可以为企业提供经济赔偿，降低坏账风险；另一方面，信用担保可以为企业提供融资支持，提高资金流动性。两者共同作用，有助于增强企业的抗风险能力和市场竞争力。信用保险与信用担保通过不同的机制分散企业的信用风险，用保险通过保险公司的赔偿机制分散风险，而信用担保则通过担保机构的介入，为银行提供额外的还款保障，两者结合使用，可以进一步降低企业的信用风险暴露程度。

信用担保作为增信手段，可以提高企业在银行眼中的信用评级和融资能力。而信用保险则可以保障企业应收账款的安全，增强银行对企业还款能力的信心。两者共同作用，有助于企业获得更多的融资支持，满足其资金需求。通过应用信用保险与信用担保工具，企业可以更加有效地管理其应收账款和债务结构。信用保险可以保证应收账款的安全回收，而信用担保则可以帮助企业优化债务结构，降低融资成本。两者共同作用，有助于企业实现财务管理的优化和升级。

四、营运资本信用风险管理的内部控制与审计

营运资本信用风险管理是企业财务管理的重要组成部分，它涉及企业与客户、供应商之间的信用交易，以及与之相关的资金流动、融资安排和风险控制等方面。为了有效管理营运资本的信用风险，企业需要建立完善的内部控制体系，并定期进行内部审计，以确保风险管理的有效性和合规性。

（一）营运资本信用风险管理的内部控制

内部控制是企业为了实现经营目标、确保资产安全完整，遵循相关法律法规而采取的一系列措施和程序。在营运资本信用风险管理中，内部控制主要包括以下几个方面：

企业应制定明确的信用政策，包括信用额度、信用期限、信用审批流程等，以规范信用交易行为。信用政策应基于客户的信用评估结果，并结合市场环境和企业战略进行调整。同时，企业应建立信用政策的执行机制，确保各部门严格遵守信用政策，避免信用风险的产生。企业应定期对客户进行信用评估，包括客户的财务状况、历史交易记录、行业地位等。通过信用评估，企业可以了解客户的信用状况，为制定信用政策提供依据。同时，企业还应建立客户信用档案更新机制，确保信用信息的准确性和时效性。

应收账款是基于企业与客户之间的信用交易而产生的债权。企业应建立完善的应收账款管理制度，包括应收账款的催收、坏账准备金的计提、应收账款的核销等方面。通过应收账款管理，企业可以确保资金及时回笼，降低坏账风险。企业应建立内部控制的监督与反馈机制，定期对内部控制体系进行审查和评价，发现潜在的风险和问题，并及时进行整改。同时，

企业还应建立内部控制的沟通机制，确保各部门之间的信息共享和协同配合，提高内部控制的效率和效果。

（二）营运资本信用风险管理的内部审计

内部审计是企业对内部控制体系的有效性、合规性和效率进行审查和评价的过程。内部审计的目标在于评估营运资本信用风险管理的内部控制体系的有效性，发现潜在的风险和问题，并提出改进建议。审计范围应包括企业的信用政策、客户信用评估、应收账款管理等方面。内部审计应采用科学、合理的方法和程序。常用的审计方法包括问卷调查、访谈、文件审查、数据分析等。审计程序应包括审计计划的制定、审计证据的收集、审计结论的形成和审计报告的编制等环节。

内部审计应重点关注以下几个方面：一是信用政策的制定和执行情况，包括信用额度的设定、信用审批流程的合规性等；二是客户信用评估的准确性和时效性，包括信用评估方法的合理性、信用信息的准确性和完整性等；三是应收账款管理的效率和效果，包括催收机制的建立和执行情况、坏账准备金的计提和核销情况等；四是内部控制体系的完整性和有效性，包括内部控制制度的建立健全、内部控制流程的优化和改进等。

内部审计应发现潜在的风险和问题，并提出改进建议。针对信用政策，审计可能发现信用额度设定不合理、信用审批流程存在漏洞等问题，建议企业优化信用政策，加强信用审批的合规性。针对客户信用评估，审计可能发现信用评估方法不准确、信用信息不完整等问题，建议企业完善信用评估体系，提高信用评估的准确性。针对应收账款管理，审计可能发现催收机制不健全、坏账准备金计提不足等问题，建议企业加强应收账款管理，提高资金回笼效率。针对内部控制体系，审计可能发现内部控制制度不健全、内部控制流程不合理等问题，建议企业完善内部控制体系，提高内部控制的效率和效果。内部审计完成后，应编制审计报告，详细记录审计过程、审计发现和改进建议等内容。审计报告应客观、公正地反映企业的营运资本信用风险管理情况，并提出具体的改进建议。同时，企业应将审计报告及时反馈给相关部门和人员，确保审计成果得到充分利用。

（三）内部控制与内部审计的协同作用

内部控制与内部审计在营运资本信用风险管理中发挥着协同作用。内部控制为企业提供了风险管理的框架和机制，而内部审计则对内部控制的有效性进行审查和评价，发现潜在的风险和问题，并提出改进建议。通过内部控制与内部审计的协同作用，企业可以不断完善和优化营运资本信用风险管理体系，提高风险管理的效率和效果。

为了充分发挥内部控制与内部审计的协同作用，企业应注重以下几个方面：一是加强内部控制与内部审计的沟通与协作，确保两者之间的信息共享和协同配合；二是建立内部控制与内部审计的联动机制，将审计发现的问题及时纳入内部控制体系的改进计划；三是加强内部控制与内部审计人员的培训和教育，提高他们的专业素养和风险管理能力；四是建立内部控制与内部审计的激励机制，对在工作中表现突出的部门和个人进行表彰和奖励。

第四节　营运资本市场风险与汇率风险管理

在企业的日常运营中，营运资本市场风险是一个不可忽视的重要因素。市场风险源于市场环境的不断变化和不确定性，直接影响到企业的财务状况、经营策略和市场地位。

一、营运资本市场风险的类型、影响与应对策略

（一）营运资本市场风险的类型

市场需求是企业生存和发展的基础。然而，市场需求往往受到多种因素的影响，如经济周期、消费者偏好、政策变化等。当市场需求发生波动时，企业的产品销售量和利润可能会受到严重影响。例如，在经济衰退期间，消费者的购买力下降，市场需求萎缩，企业的产品销售受阻，进而影响其盈利能力和资金流动性。

市场竞争是市场经济的基本特征之一。随着市场竞争的加剧，企业可能面临市场份额下降、价格竞争激烈等风险。竞争对手可能通过技术创新、降低成本、提高服务质量等手段抢占市场份额，新进入者的加入也可能打破原有的市场格局，增加企业的竞争压力。

市场价格波动是影响企业盈利的重要因素之一。原材料价格、劳动力成本、产品售价等的波动都可能对企业的成本结构和盈利能力产生影响。例如，原材料价格上涨会增加企业的生产成本，降低盈利能力；产品售价波动则可能影响企业的销售收入和市场份额。市场价格的波动具有不确定

性和难以预测性,给企业带来了较大的经营风险。

信用风险是指企业在与客户、供应商交易的过程中因对方违约而遭受损失的风险。在营运资本管理中,信用风险主要体现在应收账款的回收上。当客户因经营不善、资金紧张等原因无法按时支付款项时,企业的应收账款可能形成坏账损失,影响资金流动性和盈利能力。此外,供应商违约也可能导致企业原材料供应中断或质量下降,进一步加剧企业的运营风险。

政策和法律风险是指国家政策、法律法规的变化对企业经营产生的影响。例如,税收政策、环保政策、进出口政策的变化都可能对企业的成本结构、市场准入条件产生影响。此外,法律诉讼、合同纠纷等法律风险也可能给企业带来巨大的经济损失和声誉损害。

(二)营运资本市场风险的影响

营运资本市场风险直接影响企业的财务状况。市场需求波动、市场竞争加剧等因素可能导致企业销售收入下降、成本上升和利润下滑。这将直接影响企业的现金流状况和偿债能力,增加企业的财务风险。同时,信用风险和政策法律风险也可能导致企业面临坏账损失、税务罚款等财务问题,进一步加剧企业的财务困境。

营运资本市场风险还影响企业的经营策略。面对市场需求波动和市场竞争加剧等风险,企业可能需要通过调整产品结构、优化销售渠道、加强品牌建设等措施来提高市场竞争力。同时,企业还需要密切关注政策动态和市场变化,及时调整经营策略以适应市场环境的变化。这些调整可能需要企业投入大量的人力、物力和财力资源,对企业的运营能力和管理水平提出了更高的要求。

营运资本市场风险还可能影响企业的市场地位。市场竞争加剧可能导致企业市场份额下降、品牌形象受损,从而影响企业在市场中的竞争力和地位。此外,信用风险和政策法律风险也可能给企业带来声誉损害和信任危机,进一步削弱企业的市场竞争力。

(三)应对营运资本市场风险的策略

企业应密切关注市场动态和竞争对手的行为,定期进行市场调研和分析,了解市场需求、价格变化、竞争格局等信息。通过深入分析市场趋势和潜在风险点,企业可以及时调整经营策略和市场布局,降低市场风险对企业的影响。产品质量和服务水平是企业竞争力的核心。企业应加大研发投入和技术创新力度,提高产品的技术含量和附加值。同时加强服务体系建设,提高客户满意度和忠诚度。通过提高产品质量和服务水平,企业可以增强市场竞争力,抵御市场风险和不确定性因素的影响。

企业应建立完善的内部控制和风险管理体系,规范业务流程和操作规范,降低内部风险的发生概率。同时加强对信用风险、政策法律风险等外部风险的识别、评估和管理能力,制定有效的应对措施和预案以应对潜在风险。企业可以通过多元化经营策略来分散市场风险。例如,拓展新的业务领域和市场渠道、开发新产品和服务等。多元化经营策略可以降低企业对单一产品或市场的依赖程度,提高其整体抗风险能力。然而,企业在实施多元化经营策略时也需要注意风险控制和资源整合等问题,避免过度扩张导致的经营风险。

供应链管理是企业应对市场风险的重要手段之一。企业应加强与供应商、分销商等合作伙伴的沟通和协作关系,建立稳定的供应链体系,降低供应链中断或质量下降等风险的发生概率。同时,企业还可以通过优化库存管理、提高物流效率等措施,降低运营成本并提高市场竞争力。

二、营运资本市场风险管理的策略与工具

在复杂多变的市场环境中,营运资本市场风险是企业必须面对的重要挑战。有效的风险管理不仅能够保障企业的财务稳健性,还能提升企业的市场竞争力和可持续发展能力。

(一)营运资本市场风险管理的策略

风险管理的第一步是风险识别与评估。企业需要对市场环境、行业趋势、竞争态势以及内部运营状况进行全面分析,识别可能存在的市场风险。通过定性和定量的方法,对风险的可能性和影响程度进行评估,为制定风险管理策略提供依据。

风险规避是企业通过调整经营策略或市场布局,主动避开高风险领域。例如,企业可以放弃某些高风险项目,选择相对稳健的投资机会。风险分散则是通过将投资分散到多个项目或资产类别中,降低单一项目或资产对整体投资组合的影响。例如,企业可以通过多元化投资组合来分散市场风险。

风险对冲是通过购买与原始投资风险相反的金融工具,如期货、期权等,来降低风险。例如,企业可以购买商品期货合约来锁定未来的购买价格,以规避原材料价格上涨的风险。风险转移则是通过保险、合同等方式将风险的责任和损失转移到其他人或机构。例如,企业可以购买财产和责任保险来转移潜在的损失。

风险监控是对已实施的风险管理策略进行持续跟踪和调整的过程。企业需要建立完善的风险监测和报告机制,及时监测和评估风险的变化情况。同时,企业还需要编制应急响应计划,以便在风险发生时能够迅速采取应对措施,减少损失。

建立健全的内部控制体系对于营运资本市场风险管理至关重要。内部控制包括制度、流程和方法等多个方面，旨在确保企业业务目标的实现，同时管理和控制风险。此外，企业还需要加强合规管理，确保经营活动符合法律法规的要求，避免因违规行为引发的市场风险。

（二）营运资本市场风险管理的工具

多元化投资组合是降低市场风险的基本策略之一。通过在不同资产类别、行业和地理区域进行投资，企业可以分散风险，减少单一市场变动对整体投资组合的影响。例如，企业可以构建股票、债券、房地产、商品等多种资产的投资组合，以实现风险分散和收益稳定。金融衍生工具，如期货、期权、掉期和远期合约等，是企业进行市场风险管理的重要工具。这些工具可以用于对冲潜在的市场风险，如价格波动风险、汇率风险等。企业可以根据自身的风险敞口和市场环境选择合适的衍生工具进行风险管理。例如，企业可以购买商品期货合约来锁定未来的购买价格，避免原材料价格上涨带来的成本增加。

保险是企业转移风险的一种传统且有效的方式。企业可以购买财产保险和责任保险来转移潜在的损失。财产保险可以覆盖企业的财产损失风险，责任保险则可以覆盖企业因经营活动而引发的第三方损失风险。通过购买适当的保险产品，企业可以在风险发生时获得赔偿，减轻财务压力。风险价值（Value at Risk, VaR）模型是一种量化市场风险的重要工具。通过统计方法估算投资组合在一定置信水平下，预期在给定时间内可能遭受的最大损失。这种量化分析可以帮助企业管理层更好地理解潜在风险，并据此制定风险限额和资本分配策略。VaR模型的应用可以提高企业风险管理的科学性和准确性。

情景分析和压力测试是评估企业在极端市场情况下的风险承受能力的有效方法。通过模拟不同市场情景和压力环境，企业可以评估其投资组合在极端情况下的表现并提前准备应对策略。例如，企业可以进行压力测试来评估其在经济衰退或金融危机情况下的资本充足性，以确保其能够抵御极端市场风险的冲击。内部控制与合规管理工具包括风险注册表、内部控制手册、合规政策等。风险注册表用于记录和跟踪企业面临的各种风险及其潜在影响，内部控制手册详细规定了企业的内部控制流程和制度，合规政策则明确了企业经营活动中的合规要求和违规处罚措施。这些工具共同构成了企业风险管理的基础框架和保障机制。组建专门的风险管理团队并配备先进的信息系统也是企业有效进行风险管理的重要措施。风险管理团队负责监测和管理市场风险，并制定相应的风险管理策略。信息系统则提供实时、准确的市场数据和风险预警信息，支持风险管理决策的制定和执行。

第五节　营运资本风险预警系统

营运资本风险预警系统可以使企业在经营管理过程中，通过建立一套科学、系统、全面的预警机制，及时发现、分析和报告营运资本管理可能存在的风险，从而采取相应的措施进行防范和控制，以保证企业稳健运营和持续发展。

一、营运资本风险预警系统的构建原则

构建营运资本风险预警系统需要遵循一系列原则，以确保系统的有效性、可靠性和实用性。

（一）科学性原则

科学性原则是构建营运资本风险预警系统的基础。预警系统的建立必须基于科学的方法和技术，采用先进的数据分析法和预测模型，以确保预警的准确性和可靠性。具体来说，科学性原则要求预警系统应使用统计学、数据挖掘、机器学习等科学方法，对营运资本数据进行深入分析，找出潜在的风险点。预警模型应基于最新的风险理论和实际案例，不断优化和改进，以适应复杂多变的市场环境。预警系统应确保输入数据的真实性和完整性，以避免由于数据错误或遗漏导致的误报和漏报。

（二）针对性原则

针对性原则强调预警系统应针对不同的行业、企业和业务领域，设定不同的预警阈值和标准，以便准确识别潜在的风险。不同行业的营运资本风险具有不同的特点，预警系统应根据行业特性，设定相应的预警指标和阈值。不同企业的规模、经营状况、市场环境等各不相同，预警系统应根据企业的实际情况，进行个性化设置。企业的不同业务领域可能面临不同的风险，预警系统应针对不同业务领域，设置相应的预警模块和规则。

（三）动态性原则

动态性原则要求预警系统应根据市场环境和业务变化，不断调整和优

化预警模型和阈值标准，以保证预警的时效性和适应性。

随着市场环境的变化和新技术的发展，预警模型应不断更新和改进，以适应新的风险类型。预警系统的阈值应根据企业的实际运营情况和市场环境的变化，进行动态调整，以确保预警的准确性和有效性。预警系统应建立反馈机制，根据预警结果和实际风险情况，不断优化和调整预警模型和阈值。

（四）全面性原则

全面性原则要求预警系统应涵盖企业的各个领域的业务流程，包括财务、市场、法律、技术等领域，以确保全面、准确地识别和评估风险。

预警系统应从多个维度对营运资本风险进行分析，包括财务指标、市场指标、法律指标和技术指标等。预警系统应覆盖采购、生产、销售、售后服务等环节，确保无遗漏。预警系统应建立跨部门协作机制，确保各部门之间的信息共享和协同工作，共同应对风险。

（五）独立性原则

独立性原则要求预警系统应独立于企业的日常管理和业务活动，不受干扰和影响，以保证其客观性和公正性。

预警系统应独立于企业的其他管理系统，确保其运作的独立性和客观性。预警系统的建设和运行应由专业的风险管理团队负责，确保预警结果的准确性和可靠性。预警系统应为企业的决策层提供客观、准确的风险信息，支持其做出科学的决策。

（六）及时性原则

及时性原则要求预警系统应及时发现和报告潜在的风险，以便相关人员及时采取措施，避免或减少可能的损失。

预警系统应实现实时监控，及时发现和报告营运资本管理中的异常情况。预警系统应建立快速响应机制，确保相关人员能够迅速了解风险情况，并采取相应的措施进行防范和控制。预警系统应定期进行风险评估和预警效果评估，确保预警系统的有效性和准确性。

（七）可操作性原则

可操作性原则要求预警系统应易于理解和操作，以便相关人员能够迅速响应并采取措施。

预警系统的界面应简洁明了，易于理解和操作，确保相关人员能够快速上手。预警系统应具备完善的功能，包括数据导入、数据分析、预警报告、应急响应等，以满足企业的实际需求。预警系统应提供培训支持，帮助相关人员掌握系统的使用方法和操作流程，提高系统的利用率和效果。

（八）持续性原则

持续性原则要求预警系统应持续运行，定期进行评估和调整，以确保其适应不断变化的市场环境和业务需求。

预警系统应定期进行维护和更新，确保其能够正常运行并维持数据的准确性。预警系统应定期进行效果评估，根据评估结果进行优化和改进。预警系统应建立持续改进机制，不断引入新的技术和方法，提高预警的准确性和有效性。

二、营运资本风险预警指标的选择与设置

营运资本风险预警系统是现代企业管理的重要组成部分，它通过对一系列预警指标进行监测和分析，及时发现企业营运资本管理中可能存在的风险，帮助企业采取相应措施进行防范和控制。预警指标的选择与设置是构建预警系统的关键环节，直接关系到预警系统的准确性和有效性。

（一）预警指标的选择原则

预警指标的选择应与企业营运资本风险紧密相关，能够真实反映企业营运资本的状况和风险水平。例如，财务指标，如流动比率、速动比率、资产负债率等，能够直接反映企业的偿债能力和营运资本的安全性；市场指标，如市场份额、客户满意度等，能够反映企业产品的市场竞争力和市场需求情况。预警指标应具有高度的敏感性，能够及时发现企业营运资本管理中的异常情况。例如，应收账款周转率、存货周转率等指标能够反映企业营运资本的周转速度和效率，一旦这些指标出现异常波动，就可能预示着企业营运资本存在风险。

预警指标应具有可量化性，能够通过具体的数据进行衡量和比较。这有助于企业更直观地了解营运资本的风险状况，并采取相应的措施进行改进。例如，通过计算现金流与债务的比例，企业可以直观地了解企业现金流对债务的保障程度。预警指标应具有可操作性，即企业能够通过现有的技术手段和数据进行监测和分析。这有助于降低预警系统的实施成本，提高系统的实用性和可行性。

（二）预警指标的设置方法

企业应根据自身的业务特点和市场环境，识别出可能存在的营运资本风险，然后针对这些风险设置相应的预警指标。例如，对于存货管理风险，可以设置存货周转率、存货跌价准备等指标；对于应收账款管理风险，可以设置应收账款周转率、坏账准备等指标。

企业可以通过对历史数据的分析，找出与营运资本风险相关的关键指标，并设置相应的预警阈值。例如，通过对历史数据的统计分析，可以确定企业流动比率的合理范围，并设置相应的预警阈值，当流动比率低于该阈值时，系统就会发出预警信号。企业可以参照行业标准或行业惯例，设置相应的预警指标和阈值。这有助于企业了解其在行业中的位置，并采取相应的措施进行改进。例如，企业可以参照行业平均应收账款周转率，设置相应的预警阈值，以评估自身应收账款管理的优劣。

（三）预警指标的具体应用

财务指标是营运资本风险预警系统中最常用的指标之一。通过监测和分析财务指标，企业可以及时发现营运资本的风险状况。例如，流动比率和速动比率可以反映企业的短期偿债能力，资产负债率可以反映企业的长期偿债能力。当这些指标出现异常波动时，企业应及时采取措施进行改进，以降低营运资本风险。市场指标能够反映企业产品的市场竞争力和市场需求情况，对于预测企业未来的销售情况和市场份额具有重要意义。例如，市场份额可以反映企业在市场中的竞争地位，客户满意度可以反映企业的产品质量和服务水平。当这些指标出现异常变化时，企业应及时调整销售策略和市场策略，以适应市场变化。

运营指标能够反映企业营运资本的周转速度和效率，对于评估企业运营效率和管理水平具有重要意义。例如，应收账款周转率和存货周转率可以反映企业营运资本的周转速度，库存周转天数可以反映企业存货的周转效率。当这些指标出现异常波动时，企业应及时调整销售策略和库存策略，以提高营运资本的周转速度和效率。除了单一指标外，企业还可以将多个指标进行综合评估，以便更全面地了解营运资本的风险状况。例如，可以通过计算企业的综合偿债能力指数，评估企业的偿债能力。该指数可以综合考虑流动比率、速动比率、资产负债率等多个财务指标，以及市场份额、客户满意度等市场指标，从而更全面地反映企业的营运资本风险状况。

（四）预警指标的动态调整与优化

预警指标的设置并非一成不变，而是应随着市场环境和企业业务的变化进行动态调整。企业应定期对预警指标进行评估和分析，根据评估结果对指标进行修订和完善。例如，当市场环境发生变化时，企业应及时调整市场指标的权重和阈值；当企业业务发生变化时，企业应及时调整运营指标的权重和阈值。

同时，企业还应加强预警系统的维护和更新工作。随着信息技术的不断发展，预警系统也应不断更新和升级，以适应新的技术环境和业务需求。企业应定期对预警系统进行维护和更新，确保系统的稳定性和可靠性。

三、营运资本风险预警系统的运行

营运资本风险预警系统是企业财务管理的重要组成部分，它通过对资本流动、资金状况、市场变化等因素进行实时监测和分析，及时发现潜在的风险，并为企业提供预警和决策支持，从而确保企业的稳健运营和持续发展。

营运资本风险预警系统通常由以下几个关键部分组成：数据采集模块、数据分析模块、预警触发模块、决策支持模块、持续优化模块。

（一）营运资本风险预警系统的运行流程

通过数据采集模块，实时收集企业内外部的各类数据。这些数据包括但不限于财务报表、销售数据、库存数据、市场数据等。对采集到的数据进行清洗、整理和转换，以确保数据的准确性和一致性。数据预处理是数据分析的前提和基础。利用数据分析模块，对预处理后的数据进行深入的分析和挖掘。通过分析，识别出潜在的风险点，并计算风险的大小和可能性。

当某个或多个预警指标达到或超过预设的阈值时，预警触发模块会发出预警信号。预警信号通常以图表、报告等形式呈现，以便企业决策者快速了解风险状况。根据预警信号，决策支持模块为企业提供风险应对的建议和措施。这些建议和措施旨在帮助企业及时有效地应对风险，降低损失。根据预警系统的运行情况和企业的实际需求，持续优化模块对预警系统进行定期的评估和优化。优化内容包括但不限于预警指标的调整、预警阈值的设定、数据分析模型的改进等。

（二）营运资本风险预警系统的持续优化

为了确保营运资本风险预警系统的有效性和准确性，企业需要对其进行定期的评估和优化。随着市场环境和企业实际情况的变化，预警指标和阈值可能需要进行相应的调整。这有助于确保预警系统能够准确地反映企业的风险状况。随着技术的不断发展，数据分析模型可能需要进行相应的改进和优化。这有助于提高预警系统的准确性和及时性。

根据企业的实际需求，预警系统可能需要增加新的功能模块或扩展现有功能。这有助于提高企业的风险管理水平和决策效率。为了确保预警系统的有效使用，企业需要对相关人员进行定期的培训和支持。这有助于提高相关人员的风险意识和操作技能，确保预警系统的顺利运行。

第六章 营运资本管理信息化

第一节 营运资本管理信息系统的构建

一、营运资本管理信息系统的规划与设计

营运资本管理信息系统（Operational Capital Management Information System，OCMIS）是现代企业实现高效资本管理、优化资源配置、降低财务风险的重要工具。它通过集成企业内部和外部的财务数据、业务数据，采用先进的信息技术和分析方法，为企业提供全面的营运资本管理解决方案。

（一）系统目标

营运资本管理信息系统的核心目标是提高企业对营运资本的管控能力，优化资本结构，降低资金成本，提升企业的财务绩效。

通过实时采集和分析财务数据，系统应能够监控企业资本的流动情况，包括现金流、应收账款、应付账款、存货等关键指标。系统应根据企业的业务需求和财务状况，优化资源配置，确保资金的有效利用，避免资源浪费。

通过风险预警和风险管理功能，系统应能够及时发现并应对潜在的财

务风险，确保企业的稳健运营。系统应提供全面的数据分析报告和决策支持功能，帮助企业管理者做出更加科学、准确的决策。

（二）架构设计

营运资本管理信息系统的架构设计应遵循模块化、可扩展性、安全性和易用性的原则。

数据层是系统的核心，负责存储和管理企业的财务数据、业务数据等。数据层应采用关系型数据库或数据仓库技术，确保数据的安全性、完整性和一致性。应用层是系统的业务逻辑层，负责处理用户请求、分析数据、生成报告等功能。应用层应采用微服务架构，实现功能的模块化、可扩展性和高可用性。用户接口层是系统与用户交互的界面，负责展示数据、接收用户输入等功能。用户接口层应采用响应式设计，支持多种设备访问，提供友好的用户体验。安全层是系统的安全保障，负责保证数据的安全，防止非法访问和攻击。安全层应采用身份认证、数据加密、访问控制等技术，确保系统的安全性。

（三）功能模块

营运资本管理信息系统的功能模块应涵盖企业的财务管理、业务管理、风险管理等方面，具体包括以下几个模块：

财务管理模块负责企业的财务数据处理和分析，具备财务报表生成、财务比率分析、预算管理等功能。业务管理模块负责企业的业务数据处理和分析，具备销售订单管理、采购订单管理、库存管理等功能。业务管理模块应与财务管理模块紧密集成，实现业财一体化。风险管理模块负责企业的风险预警和风险管理，应采用先进的风险评估模型和算法，提供风险预警、风险评估和风险应对等功能。决策支持模块负责为企业提供决策支持，具备数据分析报告、经营决策建议等功能。决策支持模块应采用数据挖掘、机器学习等技术，为企业提供智能化的决策支持。

（四）数据流程

营运资本管理信息系统的数据流程应遵循数据的采集、处理、分析和应用等步骤，具体包括以下几个环节：

系统应通过集成企业内部和外部的数据源，实时采集企业的财务、业务等数据。数据采集应确保数据的准确性、完整性和实时性。系统应对采集到的数据进行清洗、转换和整合，确保数据的一致性和可用性。数据处理应支持批量处理和实时处理两种方式，以满足不同业务场景的需求。系统应采用先进的数据分析技术，对处理后的数据进行深入的分析和挖掘，发现数据中的规律和趋势，为决策提供支持。系统应将分析结果应用于企业的财务管理、业务管理、风险管理等方面，为企业提供全面的解决方案和优化建议。

（五）实施策略

系统实施应分阶段进行，从简单的功能开始，逐步扩展和完善系统的功能。这有助于降低实施风险，确保系统顺利上线。在系统正式投入使用前，企业应对相关人员进行培训，使相关人员熟悉系统的功能和操作流程，这有助于提高使用效率和满意度。

系统实施后应持续优化和改进，根据用户的反馈和需求，不断完善系统的功能和性能。这有助于确保系统的长期稳定和持续发展。系统实施过程中应重视数据安全，采取有效的安全措施，保护数据的安全性和完整性。

这有助于防范潜在的数据泄露和非法访问风险。

二、营运资本管理信息系统的功能模块与架构

营运资本管理信息系统是现代企业用于监控、优化和管理其营运资本的关键工具。这一系统通过集成财务数据、业务数据和外部市场信息，为企业提供了一个全面的视角，以更好地理解和控制其资本流动。

（一）功能模块

营运资本管理信息系统的功能模块通常被设计为覆盖企业营运资本管理的各个方面，从基础的财务数据管理到高级的风险分析和决策支持。

1. 财务管理模块

（1）账务管理。负责处理企业的日常账务活动，包括凭证录入、审核、记账、结账等。

（2）报表管理。自动生成各类财务报表，如资产负债表、利润表、现金流量表，以及自定义报表。

（3）预算管理。制定、监控和调整企业的年度预算，确保实际支出与预算相符。

（4）成本管理。对企业的成本进行核算和分析，包括直接成本、间接成本和固定成本等。

2. 业务管理模块

（1）销售管理。管理销售订单、发票、收款等销售活动，与销售团队紧密合作，确保销售流程的顺畅。

（2）采购管理。处理采购订单、发票、付款等采购活动，与供应商保

持有效沟通，优化采购流程。

（3）库存管理。监控库存水平，管理库存出入库、盘点和报废等活动，确保库存的准确性和及时性。

（4）供应链管理。优化供应链的各个环节，包括供应商选择、采购策略、库存管理等，以提高供应链的效率和可靠性。

3. 风险管理模块

（1）信用风险管理。评估客户的信用状况，制定信用政策，管理应收账款的回收。

（2）流动性风险管理。监控企业的现金流状况，确保有足够的流动资金来满足日常运营需求。

（3）市场风险管理。分析市场变化对企业的影响，制定应对策略，降低市场风险。

（4）合规风险管理。确保企业的财务和业务活动符合相关法律法规和内部政策的要求。

4. 决策支持模块

（1）数据分析。对企业的财务数据、业务数据和外部市场信息进行深入分析，提供有价值的建议。

（2）预测与规划。利用历史数据和市场趋势，预测未来的财务状况和业务表现，制定相应的发展规划。

（3）绩效考核。评估企业部门和员工的绩效，制定激励措施，提高整体运营效率。

（4）战略制定。基于全面的数据分析，为企业的长期发展制定战略方向和目标。

(二)系统架构

营运资本管理信息系统的架构通常被设计为多层结构,以确保系统的可扩展性、可靠性和安全性。

1.数据层

(1)数据库管理。存储企业的财务数据、业务数据和外部市场信息,确保数据的完整性、准确性和安全性。

(2)数据仓库。用于存储和分析大量数据,支持数据挖掘和决策支持功能。

(3)数据集成。将企业内部的其他系统(如 ERP、CRM 等)与外部数据源(如银行、税务机构等)进行集成,实现数据的共享和交换。

2.应用层

(1)业务逻辑处理。处理用户请求,执行各种业务逻辑,如财务计算、订单处理等。

(2)工作流程管理。定义和管理企业内部的业务流程,如采购审批、销售订单处理等。

(3)规则引擎。根据企业的业务规则和政策,自动执行特定的操作,如信用额度控制、预算审批等。

3.用户接口层

(1)用户界面。用户界面要使用户能够方便地访问和操作系统。

(2)移动应用。支持移动设备访问,使用户在任何时间和地点都能进行业务操作。

（3）报表和可视化工具。营运资本管理信息系统要提供丰富的报表和可视化工具，帮助用户更好地理解数据和分析结果。

4. 安全层

（1）身份认证。确保只有经过授权的用户才能访问系统。

（2）数据加密。对敏感数据进行加密存储和传输，确保数据的安全性。

（3）访问控制：根据用户的角色和权限，限制对特定功能和数据的访问。

5. 集成层

（1）API 接口。提供开放的 API 接口，方便与其他系统进行集成和数据交换。

（2）消息传递。支持实时消息传递和通知功能，确保用户能够及时获取重要的业务信息。

（三）功能模块与架构的关系

营运资本管理信息系统的功能模块与架构密切相关。功能模块是系统的核心组成部分，它们负责处理企业的财务数据、业务数据和外部市场信息。系统架构则是这些功能模块的基础和支撑，它定义了系统的层次结构与组件之间的关系，以及数据的流动方式。合理的架构设计可以确保系统的可扩展性、可靠性和安全性，为功能模块提供稳定的运行环境。同时，功能模块的设计也需要考虑系统的架构要求，以确保它们能够与其他模块和组件进行无缝集成和协作。

例如，在数据层中，数据库管理和数据仓库为财务管理模块和业务管理模块提供了数据存储和分析的基础。应用层中的业务逻辑处理和规则引擎则负责处理这些模块中的业务逻辑和规则。用户接口层中的用户界面和移动应用则为用户提供了方便的操作界面和访问方式。安全层中的身份认证、数据加密和访问控制则确保了系统的安全性和可靠性。此外，集成层中的 API 接口和消息传递功能也为功能模块之间的集成和数据交换提供了支持。通过这些接口和消息传递机制，功能模块可以与其他系统进行集成和数据共享，实现更加全面和高效的企业营运资本管理。

三、营运资本管理信息系统的实施与维护

在现代企业管理中，营运资本管理信息系统的实施与维护扮演着至关重要的角色。这一系统不仅能够帮助企业有效管理其运营资金，提高资金使用效率，还能够为企业决策提供关键数据支持，推动企业持续健康发展。

（一）营运资本管理信息系统的实施策略

在实施营运资本管理信息系统之前，企业应先明确自身的目标与需求，如提高资金使用效率、优化资本结构、降低运营成本等。这些目标与需求将指导信息系统的设计与实施。企业应根据自身的实际需求，选择一款功能完善、易于操作且符合行业特点的营运资本管理信息系统软件。软件应具备数据集成、报表生成、风险预警等功能，以满足企业的日常管理需求。

编制详细的实施计划，包括项目时间表、人员分工、预算分配等。确保实施过程有序进行，避免因计划不周而导致项目延期或成本超支。在系统实施前，对相关人员进行系统的培训，使其熟悉软件的操作流程和功能特点。培训应包括理论讲解、实操演练以及答疑解惑环节，确保员工能够熟练使用系统。

（二）营运资本管理信息系统的实施步骤

（1）需求分析。通过与企业各部门进行沟通，收集并分析各部门对营运资本管理信息系统的需求，形成需求文档。

（2）系统设计。根据需求文档，设计系统的整体架构、功能模块和数据库结构。在设计过程中，应注重系统的可扩展性、稳定性和安全性。

（3）系统开发与测试。按照设计文档进行系统开发，包括前端界面、后端逻辑和数据库开发等。开发完成后，进行系统的全面测试，确保功能正常、性能稳定。

（4）数据迁移与集成。将企业原有的财务数据、业务数据等迁移到新系统中，并进行数据集成，实现数据的统一管理和分析。

（5）系统上线。在确认系统稳定且满足需求后，进行系统上线。上线前，应进行充分的准备工作，包括系统备份、用户权限设置等。

（6）培训与试运行。对全体员工进行系统操作培训，确保员工能够熟练使用系统。同时，进行系统的试运行，收集用户反馈，进行必要的调整和优化。

（三）营运资本管理信息系统的维护措施

根据系统厂商发布的更新补丁和安全公告，定期对系统进行更新，确保系统的安全性和稳定性。建立数据备份机制，定期对系统进行数据备份。同时，编制数据恢复计划，确保在数据丢失或损坏时能够迅速恢复。根据员工的职责和岗位，设置合理的用户权限，确保数据的保密性和安全性。同时，定期对用户权限进行审查和调整，避免权限滥用。

建立系统性能监控机制，实时监控系统的运行状态和资源使用情况。

一旦发现异常，立即进行排查和处理，确保系统能够稳定运行。为员工提供持续的系统操作培训和技术支持，确保员工能够熟练掌握系统的新功能和操作方法。同时，建立技术支持团队，为员工提供及时、专业的技术支持。

（四）营运资本管理信息系统可能产生的问题与应对策略

在实施营运资本管理信息系统时，可能会产生数据不准确的问题。这可能是由数据迁移过程中的错误操作或数据录入的不规范导致的。可以加强数据迁移前的数据清洗和校验工作，建立数据质量监控机制，确保数据的准确性和可靠性。由于系统实施可能导致工作流程发生变化，部分员工可能会产生抵触情绪，因此，企业要加强沟通，让员工了解系统实施的好处和必要性；还可以通过培训和实操演练，帮助员工熟悉新系统，减轻其心理负担。

营运资本管理信息系统涉及企业的敏感数据和核心业务流程，因此其稳定性和安全性至关重要。可以选择可靠的软件供应商和硬件设备，加强系统的安全防护措施（如防火墙、数据加密等），以及建立系统的应急响应机制，确保在出现问题时能够迅速恢复。随着企业业务的不断发展和市场环境的变化，营运资本管理信息系统需要不断更新和完善。然而，持续投入可能会带来一定的成本压力。企业可以制定合理的预算计划，确保系统更新与维护的资金投入，还可以通过优化系统架构和采用新技术，降低系统的运维成本。

第二节 ERP系统在营运资本管理中的应用

一、ERP系统的基本概念、特点与影响

(一)ERP系统的基本概念

ERP（Enterprise Resource Planning，企业资源计划）系统是一种高度集成的企业管理软件，旨在通过整合企业内部的各个功能模块，实现对资源的优化配置和对业务流程的高效管理。ERP系统不仅涵盖了传统的制造、财务、销售、采购等核心业务领域，还逐渐扩展到人力资源管理、供应链管理、客户关系管理等领域，成为现代企业不可或缺的管理工具。

ERP系统的起源可以追溯到20世纪90年代，当时美国一家IT公司根据计算机信息技术的发展和企业对供应链管理的需求，提出了ERP的概念。ERP系统是在MRP（物料需求计划）的基础上发展起来的，它扩展了MRP的功能，引入了供应链管理的思想，从全局的角度优化企业的资源配置，提高了企业的运营效率和市场竞争力。ERP系统不仅是一个软件工具，更是一种先进的管理思想。它将企业的各个业务流程、功能模块和数据资源集成在一起，形成一个统一的信息平台，实现了信息的实时共享和协同工作。通过ERP系统，企业可以更加准确地掌握自身的运营状况，及时做出决策，优化资源配置，提高盈利能力。

（二）ERP 系统的特点

ERP 系统的最大特点是集成性。它将企业的各个功能模块集成在一起，形成了一个统一的信息平台。在这个平台上，企业可以实时共享信息，实现各部门之间的协同工作。这种集成性不仅提高了工作效率，还避免了信息孤岛的出现，使企业能够更加全面地了解自身的运营状况。ERP 系统涵盖了企业的各个业务领域，包括制造、财务、销售、采购、人力资源等。这使得企业可以在一个平台上管理所有的业务流程，避免了多个系统之间的数据交换和重复录入。同时，ERP 系统还可以根据企业的实际需求进行定制开发，满足企业的个性化需求。

ERP 系统通过实时的数据采集和更新，提供了准确、及时的信息支持。这使得企业能够随时掌握自身的运营状况，快速响应市场变化。例如，在销售方面，ERP 系统可以实时跟踪销售订单的执行情况，提供销售预测和业绩分析；在财务方面，ERP 系统可以实时更新财务数据，提供财务报表和财务分析等功能。ERP 系统具有高度的灵活性，可以根据企业的实际需求进行配置和调整。例如，企业可以根据自身的业务流程和组织结构，定制适合自身的 ERP 系统；ERP 系统还支持模块化设计，企业可以根据需要选择相应的功能模块。这种灵活性使得 ERP 系统能够适应不同规模和类型的企业。

ERP 系统通过对企业资源的全面规划和优化，实现了资源的最大化利用。例如，在制造方面，ERP 系统可以根据生产计划和物料需求计划，优化生产流程和库存管理；在财务方面，ERP 系统可以通过预算管理、成本控制和财务分析等功能，优化企业的财务状况。这种对企业资源的全面规划和优化不仅提高了企业的运营效率，还降低了企业的运营成本。ERP 系统采用先进的安全技术和管理措施,确保企业数据的安全性和完整性。例如,ERP系统可以通过数据加密、访问控制和备份恢复等功能,保护企业数据免遭非法访问和损坏。同时,ERP系统还可以提供审计和日志记录功能,帮助企业追踪和监控数据的使用情况。

随着企业的发展和业务的扩展,ERP系统需要具备良好的可扩展性。ERP系统通常采用模块化的设计方式,可以根据企业的需求新增模块来支持并整合新的业务流程。这种可扩展性使得ERP系统能够适应企业不断变化的需求,保持长期的竞争力。ERP系统遵循一定的标准和规范,使得企业能够更加方便地与其他系统进行集成和数据交换。例如,ERP系统通常采用标准化的数据格式和通信协议,使得企业能够与其他企业的系统进行无缝连接和数据共享。这种标准化不仅提高了系统的互操作性,还降低了系统的集成成本。

(三)ERP系统的影响

ERP系统的应用对企业产生了深远的影响。

第一,ERP系统提高了企业的运营效率。通过集成化的管理,ERP系统消除了信息孤岛,实现了信息的实时共享和各部门之间的协同工作。这使得企业能够更加快速地响应市场变化,提高客户满意度和忠诚度。

第二,ERP系统优化了企业的资源配置。ERP系统实现了资源的最大化利用,这不仅降低了企业的运营成本,还提高了企业的盈利能力。

第三,ERP系统提升了企业的决策能力。通过提供准确、及时的信息支持,ERP系统帮助企业做出更加明智的决策。例如,在供应链管理方面,ERP系统可以实时跟踪供应商的交货情况和库存状况,帮助企业优化采购计划和库存管理;在客户关系管理方面,ERP系统可以分析客户的购买行为和偏好，帮助企业制定个性化的营销策略。

第四，ERP 系统促进了企业的数字化转型。通过引入先进的信息技术和管理理念，ERP 系统推动了企业的数字化转型进程。这不仅提高了企业的运营效率和市场竞争力，还为企业带来了更多的商业机会和创新空间。

二、ERP 系统在营运资本管理中的优势

ERP 系统通过集成企业的各个业务流程，实现了对营运资本的全面监控和管理。系统可以实时追踪企业的库存、销售、采购等数据，为企业提供精准的市场分析和预测。这使得企业能够更加准确地掌握资金需求，优化资金配置，提高资金利用效率。例如，企业可以根据 ERP 系统提供的销售预测数据，合理安排生产计划，避免过度生产导致的资金占用；通过 ERP 系统的采购管理功能，企业可以优化采购计划，降低采购成本，提高资金的使用效率。库存管理是企业营运资本管理的重要组成部分。ERP 系统通过实时追踪库存数据，帮助企业实现库存的精细化管理。系统可以自动计算安全库存量，避免库存积压和缺货现象的发生。同时，ERP 系统还可以提供库存周转率、库存成本等关键指标，帮助企业优化库存结构，降低库存成本。这种精细化管理不仅提高了企业的运营效率，还降低了企业的资金占用成本。

应收账款是企业营运资本的重要组成部分。ERP 系统通过集成销售、财务等模块，实现了对应收账款的全面监控和管理。系统可以实时追踪销售订单的执行情况，包括发货、开票、收款等环节，确保应收账款的及时回收。同时，ERP 系统还可以提供应收账款账龄分析、坏账预测等功能，帮助企业加强应收账款的风险管理，降低坏账损失。应付账款管理同样是

企业营运资本管理的重要环节。ERP系统通过集成采购、财务等模块，实现了对应付账款的全面监控和管理。系统可以实时追踪采购订单的执行情况，包括收货、验收、付款等环节，确保应付账款的准确支付。同时，ERP系统还可以提供应付账款账龄分析、供应商信用评估等功能，帮助企业优化应付账款的支付策略，降低资金成本。

ERP系统可以提供资金流动情况、成本构成分析、利润预测等关键指标，帮助企业制定更加科学的资金管理策略。同时，ERP系统还支持数据分析和挖掘功能，帮助企业发现潜在的商业机会和改进点，为企业的持续发展提供有力支持。ERP系统通过集成企业的各个业务流程和功能模块，实现了对企业内部流程的全面监控和管理。这使得企业能够加强内部控制，降低运营风险。ERP系统可以通过设置审批流程、权限控制等功能，确保资金使用的合规性和安全性。同时，ERP系统还可以提供审计和日志记录功能，帮助企业追踪和监控资金的使用情况，确保资金的合理使用和有效监管。

ERP系统通过集成企业的各个功能模块和数据资源，打破了部门之间的信息孤岛，实现了信息共享和业务协同。这使得企业内部的各个部门能够更加紧密地合作，提高协同效率。ERP系统可以将财务、销售、采购等部门的信息集成在一起，实现资金流的实时监控和管理。这种协同工作不仅提高了企业的运营效率，还降低了企业的沟通成本和时间成本。ERP系统通过集成企业的各个功能模块和数据资源，为企业提供了丰富的数据支持。这使得企业能够利用数据分析和预测功能，更加准确地了解市场动态和客户需求。

三、ERP 系统与营运资本管理的集成策略

要实现 ERP 系统与营运资本管理的有效集成，需要采取一系列策略，以确保两者之间的无缝衔接和高效协同。

在集成 ERP 系统与营运资本管理之前，企业首先需要明确自身的业务需求与目标。这包括对企业现有的业务流程进行全面梳理，明确哪些环节需要 ERP 系统的支持，以及期望通过集成实现哪些具体的业务目标。例如，企业可能希望通过集成 ERP 系统来优化库存管理、提高应收账款的回收效率、降低采购成本等。明确业务需求与目标有助于企业在后续的集成过程中保持清晰的方向，确保集成的有效性和针对性。

选择适合的 ERP 系统是集成策略的关键一步。企业需要根据自身的业务需求、规模、行业特点等因素，综合考虑市场上各种 ERP 系统的优缺点，选择最适合自己的系统。在选择过程中，企业应重点关注 ERP 系统的集成能力、数据处理能力和可扩展性。同时，企业还需要考虑 ERP 系统的供应商实力和服务质量，以确保系统在运行和维护中得到持续的支持。

制定详细的集成计划是确保 ERP 系统与营运资本管理有效集成的关键。集成计划应包括集成的目标、范围、时间表、预算、人员分工等内容。企业应成立专门的集成团队，负责项目的整体规划、实施进度和质量控制。同时，企业还需要与 ERP 系统的供应商建立紧密的合作关系，共同制定详细的实施方案和时间表，确保集成的顺利进行。

数据是 ERP 系统与营运资本管理集成的核心。在集成过程中，企业需要对现有的数据进行整合和清洗，确保数据的准确性和完整性。这包括对企业各个业务模块的数据进行统一编码、标准化处理，以及消除数据冗余

和错误。通过数据整合与清洗，企业可以确保 ERP 系统与营运资本管理之间的数据无缝衔接，为后续的业务协同提供有力支持。

由于不同企业的业务需求和流程存在差异，因此 ERP 系统在集成过程中往往需要进行定制化开发。定制化开发包括根据企业的业务需求对 ERP 系统的功能进行扩展、调整和优化，以满足企业的特定需求。在定制化开发过程中，企业应充分考虑营运资本管理的特点，确保 ERP 系统能够全面支持企业的营运资本管理需求。同时，企业还需要与 ERP 系统的供应商保持密切沟通，共同制定定制化开发的方案和时间表。在 ERP 系统与营运资本管理集成的过程中，企业还需要对现有的业务流程进行优化。这包括简化不必要的环节、优化流程设计、提高流程效率等。通过业务流程优化，企业可以确保 ERP 系统与营运资本管理之间的协同更加顺畅，提高企业的运营效率和管理水平。

系统集成是 ERP 系统与营运资本管理集成的关键环节。在集成过程中，企业需要将 ERP 系统与现有的其他系统进行集成，确保数据的无缝衔接和业务的流畅。这包括与财务管理系统、采购管理系统、销售管理系统等关键业务系统的集成。同时，企业还需要对集成后的系统进行全面的测试，确保系统的稳定性和性能。测试过程应包括功能测试、性能测试、安全测试等方面，以确保系统在实际运行中的可靠性和安全性。ERP 系统与营运资本管理的集成不仅需要技术支持，还需要人员的配合。因此，在集成过程中，企业需要对相关人员进行全面的培训，确保他们能够熟练掌握 ERP 系统的操作方法和功能。培训内容包括系统操作、数据处理、业务流程等。同时，企业还需要建立知识传递机制，确保新员工能够快速融入系统，提高整体的工作效率。

ERP系统与营运资本管理的集成是一个持续的过程。随着企业业务的不断发展和市场环境的变化，ERP系统需要不断地进行优化和升级，以适应新的业务需求。企业应建立定期的系统评估和优化机制，对ERP系统的性能和功能进行持续的监控和改进。同时，企业还需要关注市场上的新技术，及时将新技术引入到ERP系统中，以提高系统的竞争力和适应性。在ERP系统与营运资本管理集成的过程中，企业需要建立风险防控机制，确保集成的顺利进行和系统的稳定运行。风险防控机制包括制定风险应对策略、建立风险预警机制、加强风险监控等。通过风险防控机制，企业可以及时发现和应对潜在的风险和问题，确保集成的成功和系统的稳定运行。

第三节　大数据与人工智能在营运资本管理中的应用

一、大数据在营运资本管理中的应用

大数据，作为对庞大数据集合进行分析和处理并从中得出有意义信息的过程，正在企业管理、市场营销、人力资源等多个领域展现出广泛的应用价值。在营运资本管理方面，大数据同样发挥着重要的作用。

（一）营运资金管理数据的清理与整理

营运资金管理数据是企业经营中的关键一环，直接关系到企业的资金周转和运营的正常进行。大数据技术的引入，可以极大地提升数据的清理与整理效率。

企业需要建立完善的数据搜集系统，确保各个部门的数据可以及时汇总到统一的平台上。大数据平台可以通过集成各种数据源,包括财务数据、销售数据、库存数据等,实现数据的全面搜集。同时,数据的归档也非常重要,只有及时整理和存档的数据才能够为企业的决策提供有力支持。在搜集数据的过程中,难免会出现数据缺失、重复、错误等问题。大数据技术可以通过数据清洗和标准化处理,确保数据的准确性和一致性。例如,可以使用数据清洗工具自动识别并修正数据中的错误,使用数据标准化方法将数据转换为统一的格式和单位。

(二)预算计划与资金流动监控

大数据在预算计划与资金流动监控方面的应用,可以帮助企业更好地预测和控制资金流动,优化资本配置。

大数据技术可以通过对历史数据的分析和对未来市场的预测,帮助企业制定更加精确的预算计划。例如,可以使用大数据分析工具对历史销售数据进行挖掘,预测未来的销售收入和成本,从而制定出合理的预算计划。大数据技术可以实时监控企业的资金流动情况,确保资金的合理使用和及时调度。通过集成各个部门的财务数据,大数据技术可以生成实时的资金流动报告,帮助企业了解资金的流入和流出情况,及时发现并解决资金流动中的问题。

(三)资金使用效率分析

大数据在资金使用效率分析方面的应用,可以帮助企业更好地评估和优化资金的使用效果,提升资本利用效率。

大数据技术可以通过多维度数据分析,帮助企业了解资金在不同部门、不同项目中的使用情况。例如,可以分析销售部门的销售收入和营销费用,评估营销活动的投入产出比；可以分析生产部门的生产成本和库存周转率，评估生产效率和库存管理水平。大数据技术可以将分析结果以图表、报告等形式进行可视化展示，帮助企业更加直观地了解资金的使用情况。例如，可以使用数据可视化工具生成资金流动图表，展示资金的流入和流出趋势；可以使用数据分析报告展示不同部门、不同项目的资金使用效率，帮助企业发现资金使用的瓶颈和优化空间。

（四）风险管理与控制

大数据在风险管理与控制方面的应用，可以帮助企业及时发现和应对潜在的资金风险，保障企业的资金安全。

大数据技术可以通过实时监测和分析财务数据，及时发现潜在的资金风险。例如，可以分析企业的应收账款和应付账款情况，预警坏账风险；可以分析企业的现金流状况，预警资金链断裂风险。大数据技术可以根据风险预警结果，帮助企业制定有效的风险控制措施。例如，可以建立坏账准备金制度，应对坏账风险；可以优化现金流管理，保障资金链安全。

（五）优化库存管理

大数据在库存管理方面的应用，可以帮助企业实现库存的最优化，降低库存成本，提高库存周转率。

大数据技术可以通过分析历史销售数据、市场趋势等信息，预测未来的产品需求，帮助企业制定合理的库存计划。例如，可以分析不同产品的销售周期和季节性需求，预测未来的库存需求；可以分析不同地区的销售情况，制定区域化的库存策略。大数据技术可以通过实时监测库存情况，帮助企业优化库存结构，制定合理的补货策略。例如，可以分析不同产品的库存周转率，优化库存结构；可以分析不同销售渠道的库存需求，制定合理的补货计划。

（六）优化供应链管理

大数据在供应链管理方面的应用，可以帮助企业优化供应链流程，提高供应链效率，降低运营成本。

大数据技术可以通过分析供应商的财务状况、交货能力、产品质量等信息，帮助企业选择优质的供应商。例如，可以分析供应商的财务报表，评估其财务状况；可以分析供应商的交货记录，评估其交货能力。大数据技术可以通过实时监测和分析供应链中的数据，帮助企业实现供应链的协同与优化。例如，可以分析不同供应商的交货时间和交货质量，优化供应商的选择和调度；可以分析不同生产环节的生产效率和成本，优化生产计划。

（七）客户关系管理与营销策略优化

大数据在客户关系管理与营销策略优化方面的应用，可以帮助企业更好地了解客户需求，提升客户满意度，提高销售业绩。

大数据技术可以通过分析客户的购买历史、浏览行为、社交媒体信息等数据，构建客户画像，帮助企业了解客户的需求和偏好。例如，可以分析客户的购买历史，了解客户的购买习惯和消费水平；可以分析客户的社交媒体信息，了解客户的兴趣爱好和社交圈子。大数据技术可以根据客户画像和需求分析结果，帮助企业制定个性化的营销策略。例如，可以根据客户的购买历史和偏好，推送个性化的产品推荐和优惠活动；可以根据客户的社交媒体信息，制定针对性的社交媒体营销策略。

（八）生产优化与质量控制

大数据在生产优化与质量控制方面的应用，可以帮助企业提高生产效率，提升产品质量，降低生产成本。

大数据技术可以通过实时监测和分析生产数据，帮助企业优化生产过程，提高生产效率。例如，可以分析生产设备的运行数据和故障记录，预测设备的维护需求；可以分析工人的工作绩效和工时记录，优化人力资源配置。大数据技术可以通过实时监测和分析产品质量数据，帮助企业发现产品质量问题，并进行持续改进。例如，可以分析产品的检测数据和客户投诉记录，发现产品质量问题；可以分析产品的生产过程和工艺参数，优化生产工艺，提高产品质量。

二、人工智能在营运资本管理中的应用

人工智能技术的快速发展为企业营运资本管理带来了前所未有的变革。通过自动化、智能化和数据分析等手段，人工智能技术不仅提高了营运资本管理的效率和准确性，还为企业提供了更加精准和科学的决策支持。

（一）数据分析与预测

数据分析与预测是人工智能在营运资本管理中的核心应用之一。人工智能技术通过分析大量的财务数据和市场信息，能够为企业提供准确的预测，帮助企业优化资金配置和财务规划。人工智能技术具备强大的数据处理能力，能够处理和分析海量的财务数据。通过机器学习算法，人工智能技术可以快速识别数据中的模式和趋势，为企业的财务决策提供有力支持。例如，人工智能技术可以分析历史销售数据、应收账款和应付账款等信息，

预测未来的现金流和资金需求。

人工智能技术通过建立预测模型，能够为企业提供准确的财务预测。这些模型基于历史数据和市场趋势，能够预测未来的销售额、成本、现金流等关键财务指标。企业可以根据这些预测结果，制定更加科学的财务计划和预算，优化资金配置。人工智能技术还能够通过实时监测和分析财务数据，及时发现潜在的财务风险。例如，人工智能技术可以监控企业的应收账款情况，发现逾期未收的款项，并发出预警，帮助企业及时采取措施，降低坏账风险。

（二）自动化流程

自动化流程是人工智能在营运资本管理中的另一个重要应用。人工智能技术通过自动化处理日常的财务操作，能够显著提高企业的运营效率，减少人为错误和成本。人工智能技术可以自动化处理企业的账务问题，包括发票录入、支付匹配、对账等。通过自然语言处理和光学字符识别等技术，人工智能技术能够快速准确地识别和录入发票信息，减少人工录入的时间和错误率。同时，人工智能技术还可以自动匹配支付信息，进行对账，提高财务处理的效率和准确性。

人工智能技术在供应链管理中的应用也能够实现流程的自动化。例如，人工智能可以自动化处理采购订单、库存管理和物流调度等任务，优化供应链流程，降低运营成本。通过实时分析供应链数据，人工智能技术还能够预测未来的库存需求，帮助企业编制合理的库存计划，避免库存积压和缺货风险。人工智能技术在客户服务中的应用也能够实现流程的自动化。通过智能客服系统，人工智能技术可以自动化处理客户的咨询和投诉，提高客户满意度和忠诚度。同时，人工智能技术还可以通过分析客户的历史交易数据和信用记录，评估客户的信用状况，帮助企业更好地管理应收账款，降低坏账风险。

（三）风险管理

风险管理是企业营运资本管理的重要环节。人工智能技术通过实时监测、分析财务数据和市场信息，能够为企业提供精准的风险预警和管理支持。例如，人工智能技术可以分析企业的交易记录，发现异常交易并及时发出警报，防止欺诈行为的发生。同时，人工智能技术还可以通过分析市场趋势和竞争对手的动态，预警潜在的市场风险，帮助企业及时调整经营策略。

人工智能技术在合规监控方面也发挥着重要作用。通过实时分析企业的交易数据和业务流程，人工智能技术能够识别潜在的不合规行为，帮助企业自动化合规检查，确保企业遵守相关法律法规，降低合规风险。人工智能技术还能够通过智能算法优化企业的投资组合，降低投资风险。通过分析市场数据和企业的投资偏好，人工智能技术可以提供个性化的投资建议，帮助企业做出更明智的投资决策。同时，人工智能技术还可以根据市场变化及时调整投资组合，优化资金配置，提高投资回报率。

（四）决策支持

决策支持是人工智能在营运资本管理中的另一个重要应用。人工智能技术通过提供准确的数据分析和预测结果，能够为企业提供更加科学和精准的决策支持。

人工智能技术能够将复杂的财务数据和市场信息以直观的方式呈现出来，帮助企业更好地理解数据和趋势。通过数据可视化工具，人工智能技术可以生成各种图表和报告，展示企业的财务状况和市场动态，为企业的决策提供有力支持。人工智能技术还能够通过智能推荐系统，为企业提供个性化的决策建议。通过分析企业的历史数据和市场需求，人工智能技术可以推荐适合企业的财务策略和投资方向，帮助企业做出更加明智的决策。人工智能技术还能够通过模拟和预测，为企业提供更加全面的决策支持。例如，人工智能技术可以模拟不同的市场环境和经营策略，预测未来的财务状况和市场表现，帮助企业制定更加科学的经营计划和财务规划。

三、大数据与人工智能结合的营运资本管理创新

在当今数据驱动的商业环境中，大数据与人工智能的结合正引领着营运资本管理的深刻变革。这一组合不仅提高了企业决策的效率与准确性，还为企业带来了前所未有的竞争优势。

（一）大数据与人工智能的协同效应

大数据以其海量的数据规模、多样化的数据类型和极速的处理速度，为人工智能算法提供了源源不断的养分。而人工智能则凭借其强大的数据处理和学习能力，将大数据的价值发挥到极致。两者相互融合，为企业营运资本管理带来了前所未有的机遇。大数据平台能够实时采集企业内外部的大量数据，包括生产数据、销售数据、供应链数据以及财务数据等。这些数据通过云计算和大数据技术进行存储、清洗和分析，为后续的决策提供可靠的依据。而人工智能算法则能够应用机器学习和深度学习等方法，快速识别数据模式、趋势和异常，提出可操作性建议。

大数据与人工智能的结合显著增强了企业的预测分析能力。通过检查以前的数据和识别模式，人工智能算法可以准确预测未来的趋势和结果，如市场需求、销售趋势、成本变化等。这种能力使企业能够提前做出调整，

优化资金配置，降低运营风险。大数据和人工智能的结合使企业能够深入了解客户的个性化需求。通过分析客户的行为、偏好和交易历史，人工智能技术驱动的推荐引擎可以为客户提供个性化的产品和服务建议，提高客户满意度和忠诚度。这种个性化水平的优化不仅提升了客户体验，还推动了业务水平的提升。

（二）营运资本管理的创新应用

大数据与人工智能的结合在营运资本管理中催生了多种创新应用，这些应用显著提高了企业的运营效率、降低了成本，并为企业带来了更加精准的决策支持。传统的预测往往依赖于历史数据和经验判断，而大数据与人工智能的结合则为企业提供了更加科学、准确的预测。通过分析海量的财务数据和市场信息，人工智能算法可以预测未来的销售额、成本和现金流等关键财务指标，帮助企业制定合理的预算计划和资金配置策略。这种智能预测不仅提高了预算的准确性和灵活性，还使企业能够更好地应对市场变化，降低运营风险。

大数据与人工智能的结合使企业能够实现账务处理的自动化。这种自动化账务处理不仅降低了企业的运营成本，还提高了财务管理的透明度和合规性。大数据与人工智能的结合在供应链管理中也发挥了重要作用。通过实时分析供应链数据，人工智能算法可以预测未来的库存需求，优化采购计划和物流调度，降低库存成本和运输成本。同时，人工智能技术还可以实时监测供应链中的风险，如供应商违约、物流延误等，并发出预警，帮助企业及时采取措施，降低运营风险。

大数据与人工智能的结合使企业能够更加精准地管理风险。通过分析历史数据和实时信息，人工智能算法可以识别潜在的风险因素，如市场风险、信用风险等，并为企业提供相应的风险预警和管理建议。这种智能风险管理不仅提高了企业的风险防控能力，还使企业更好地应对市场变化，降低损失。大数据与人工智能的结合为企业提供了强大的决策支持。通过分析海量的数据和信息，人工智能算法可以为企业提供准确的决策依据和建议。例如，通过对历史数据和市场趋势的分析，人工智能技术可以生成准确的销售预测和库存优化建议，帮助企业制定更合理的生产计划、采购计划和销售策略。这种智能决策支持不仅提高了决策的效率和准确性，还使企业更好地把握市场机遇，实现可持续发展。

（三）技术挑战与应对策略

尽管大数据与人工智能的结合为营运资本管理带来了显著的创新和优势，但在实际应用中也面临着一些技术挑战。大数据和人工智能的应用涉及大量的敏感数据和信息，如何确保数据的安全性和隐私性是企业需要解决的重要问题。企业应建立完善的数据安全机制，加强数据的加密和存储管理，同时遵守相关的法律法规，确保数据的合法使用和合规处理。

大数据与人工智能的结合需要先进的算法和技术支持，这些算法往往具有较高的复杂性和成本需求。企业应评估自身的技术能力和资源条件，选择合适的算法和技术方案，并加强员工的培训和技术支持，提高算法的应用效果和效率。大数据平台采集的数据往往具有多样性和复杂性，如何提高数据的质量和准确性是企业需要解决的问题。企业应建立完善的数据质量管理体系，加强数据的清洗和校验工作，确保数据的准确性和可靠性。同时，企业还应加强数据的质量控制和技术支持，提高数据处理的效率和准确性。

第四节 云计算与营运资本管理创新

云计算，作为信息时代的一项重大革新，正在逐步改变我们的工作和生活方式。它不仅仅是一种技术，更是一种全新的网络应用概念，通过整合与高效利用计算资源，为用户提供前所未有的便捷和灵活性。

一、云计算的基本概念与服务层次

（一）云计算的基本概念

云计算（Cloud Computing）是一种基于互联网的计算方式，通过互联网异构、自治的服务为个人和企业提供按需即取的计算能力和数据存储服务。由于这些资源是由互联网提供的，而在计算机流程图中，互联网常以一个云状图案来表示，因此形象地称之为"云"。这里的"云"不仅是底层基础设施的一种抽象概念，更是对计算资源的一种集中和共享。

云计算的核心在于其动态易扩展且虚拟化的资源，这些资源通过互联网提供给终端用户。用户无须了解基础设施的细节，也无须具备专业知识，只需关注自己真正需要的资源以及如何通过网络获取相应的服务。这种按需获取资源的模式，使得云计算具有极高的灵活性和可扩展性，能够满足不同用户在不同时间、不同地点的需求。

（二）云计算的服务层次

云计算服务通常包括以下几个层次：

（1）基础设施即服务（IaaS）。提供底层的硬件资源，如服务器、存储设备、网络设备等，用户可以在这些资源上部署和运行自己的应用程序。

（2）平台即服务（PaaS）。提供一个完整的软件开发和部署环境，包括操作系统、数据库、中间件等，用户可以在这个平台上开发、测试和部署自己的应用程序，而无须关心底层的硬件和基础设施。

（3）软件即服务（SaaS）。提供直接面向用户的软件应用，用户可以通过浏览器或客户端软件访问这些应用，而无须在本地安装和维护。

这三个层次的服务共同构成了云计算的完整体系，使得用户可以根据自己的需求选择最适合的服务模式。

二、云计算的技术特点与应用领域

（一）云计算的技术特点

云计算平台通常由大量的服务器和存储设备组成，能够为用户提供前所未有的计算能力。企业私有云一般拥有成百上千台服务器，能够满足大规模数据处理和存储的需求。云计算支持用户在任意位置使用各种终端获取应用服务。虚拟化技术是实现云计算的关键，它能够将物理资源抽象为虚拟资源，使得用户可以在不同的设备上无缝使用云服务。云计算平台采用了多种容错和冗余技术，如数据多副本容错、计算节点同构可互换等，以确保服务的高可靠性。使用云计算比使用本地计算机更加可靠，因为云计算平台能够自动检测和修复故障，保证服务的连续性。

云计算不针对特定的应用，一个"云"可以同时支撑不同的应用。这种通用性使得云计算平台能够灵活地适应各种业务需求，为用户提供多样化的服务。云计算平台的规模可以动态伸缩，满足应用和用户规模增长的需要。用户可以根据实际需求快速调整计算资源，实现按需分配，避免资源浪费。云计算平台是一个庞大的资源池，用户可以根据自己的需求按需购买和使用资源。这种按需服务的模式使得云计算具有极高的灵活性和经济性，用户只需支付实际使用的资源费用，降低了成本。由于云计算平台采用了特殊的容错措施和自动化集中式管理，使得企业无须负担日益高昂的数据中心管理成本。同时，云计算平台还可以利用廉价的节点来构成"云"，进一步降低了成本。

（二）云计算的应用领域

云计算的应用领域非常广泛，几乎涵盖了所有需要计算和存储资源的行业。

企业可以通过云计算来部署和管理企业级应用软件、数据库，实现信息化建设和数字化转型。云计算平台提供了灵活的资源管理和应用部署方式，使得企业能够快速响应市场变化，提高竞争力。云计算提供了大规模数据存储和处理能力，为大数据分析、人工智能等应用提供了强大支持。通过云计算平台，企业可以高效地处理海量数据，从中挖掘出有价值的信息。

用户可以将数据存储在云端，并借助云计算平台实现数据备份、恢复和共享。这种云存储方式不仅提高了数据的安全性和可靠性，还降低了企业的存储成本。云计算支持虚拟化和容器化技术，为用户提供灵活的资源管理和应用部署方式。通过虚拟化和容器化，企业可以更加高效地利用计算资源，提高应用的性能和可扩展性。云计算技术使得用户可以实现云游戏、视频流媒体等高带宽、低延迟的服务体验。通过云计算平台，用户可以随时随地享受这些服务，提高了娱乐和生活的便捷性。

三、云计算在营运资本管理中的优势

在传统的营运资本管理模式下，企业需要投入大量资金购买和维护服务器、存储设备等硬件设施。这不仅增加了企业的固定成本，还占据了大量的营运资本。采用云计算服务后，企业可以根据实际需求租用云资源，无须一次性投入巨额资金购买硬件，从而大幅降低了IT基础设施的投资成本。云计算服务提供商负责基础设施的维护和管理，企业无须再为硬件故障、软件更新等问题烦恼，可以更加专注于核心业务的发展。云计算平台能够根据企业的实际需求动态调整资源的分配，实现资源的灵活调度和优化利用。通过云计算，企业可以实时监控和管理资本资源的使用情况，及时发现和解决资源闲置或过度配置的问题。这种按需分配资源的模式不仅提高了资源的利用率，还降低了企业的运营成本。同时，云计算平台提供了强大的数据分析和决策支持功能，企业可以利用这些功能对营运资本进行精准预测和优化，提高资金的使用效率和效益。

营运资本管理涉及大量的敏感数据和关键信息，数据的安全性和可靠性至关重要。云计算服务提供商通常会采取严格的数据加密和隐私保护措施，确保用户数据的安全性。企业可以将营运资本数据存储在云端，并通过复制和冗余机制进行备份，确保数据的安全性和可靠性。与此同时，云计算平台还提供了丰富的安全措施和监控机制，帮助企业及时发现和应对安全威胁，降低数据泄露和丢失的风险。云计算服务支持快速部署和扩展，企业可以根据业务需求随时增加或减少资源。这种灵活性使得企业能够更好地应对市场变化和业务波动，及时调整营运资本的管理策略。例如，在业务增长期，企业可以迅速增加计算资源和存储空间，以满足业务扩展的需求；在业务低谷期，企业可以减少资源，降低运营成本。这种按需扩展的能力不仅提高了企业的市场竞争力，还使得营运资本管理更加灵活和高效。

云计算服务支持多地域部署，企业可以将营运资本数据分散到不同的数据中心，实现跨地域的数据备份和容灾。这种多地域部署的方式不仅提高了数据的可靠性和可用性，还降低了因单一数据中心故障而导致的业务中断风险。在发生意外情况时，企业可以迅速切换到其他数据中心，恢复业务运行，减少损失。这种跨地域的数据备份和容灾能力对于保障营运资本管理的连续性和稳定性具有重要意义。云计算服务提供商通常会提供丰富的开发工具和平台，如代码编辑器、版本控制系统、持续集成/持续部署（CI/CD）工具等。这些工具可以帮助企业加速软件开发进程，提高开发效率和质量。在营运资本管理中，企业可以利用这些工具开发定制化的管理软件和应用系统，实现更加精细化和智能化的管理。例如，企业可以开发自动化的财务报表生成系统、资金流动监控系统等，提高营运资本管理的准确性和效率。云计算服务支持团队成员之间的实时协作和沟通，无论他们身处何地。通过共享文档、实时聊天和视频会议等功能，团队成员可以更加高效地进行协作和沟通，共同推动项目进展。在营运资本管理中，这种实时协作和沟通的能力使得团队成员能够及时分享信息、协调资源、解决问题，提高整个团队的协作效率和响应速度。

四、云计算平台的选择与部署

云计算作为信息技术领域的一项重要革新，正在逐步改变企业的运营模式和业务流程。云计算平台的选择与部署策略，直接关系到企业能否充分利用云计算的优势，实现业务的快速响应和高效管理。

（一）云计算平台的选择原则

了解自身业务需求是选择云计算平台的第一步。企业需明确自己需要的计算能力和存储资源，以及预计的增长趋势。例如，一些企业可能需要大规模的存储空间，而另一些企业可能更关注计算能力。因此，在选择云计算平台时，企业应评估平台的计算能力、存储能力、网络带宽等关键性能指标，确保平台能够满足当前及未来的业务需求。云计算平台的可靠性和可用性对于企业的正常运营至关重要。企业应该评估供应商的数据中心设施和网络架构，了解其是否具备高可用性和容错性。此外，了解供应商的备份和恢复策略，确保数据的安全和完整性。高可靠性的云计算平台能够在出现故障时迅速恢复服务，减少业务中断的风险。

安全性是企业选择云计算平台的关键因素之一。企业应该了解供应商的安全措施，包括数据加密、身份验证、访问控制等。此外，确保供应商遵守相关的法规和合规性要求，尤其是隐私保护方面。选择具备强大安全能力的云计算平台，可以保障企业数据的安全性和隐私性。成本效益是企业选择云计算平台时的重要考量。企业应该综合考虑平台的价格和性能，选择最适合自身需求和预算的方案。此外，还需要考虑到未来的扩展和升级成本。通过比较不同供应商的定价模型和费用结构，企业可以选择一个费用合理且经济可行的云计算平台。云计算平台的适配性和可扩展性也是企业需要考虑的重要因素。企业应评估平台是否支持现有的应用程序和工具，以及平台是否易于集成到现有的技术体系中。同时，云计算平台应具备弹性扩展的能力，能够根据业务需求动态调整资源，满足未来的增长需求。

（二）云计算平台的部署策略

私有云部署是指企业在自己的数据中心内搭建云计算平台，专为企业内部用户提供服务。私有云部署具有较高的安全性和可控性，能够满足企业对数据隐私和合规性的要求。然而，私有云部署需要自行购买和维护硬件设备，成本较高，且需要专业的运维团队进行管理和维护。

公有云部署是指将云计算平台部署在第三方云服务提供商的服务器上，企业通过互联网使用云服务。公有云部署具有较低的成本和较好的弹性扩展能力，适用于中小型企业或个人开发者。使用公有云服务可以大大降低设备购置和维护成本，同时能够根据实际需求弹性地调整计算资源。然而，公有云部署在数据隐私和安全性方面可能存在一定的风险，需要企业采取相应的安全措施进行保护。混合云部署是指将云计算平台同时部署在私有云和公有云上，根据业务需求灵活地调整计算资源的分配。混合云部署结合了私有云和公有云的优势，既能够保障数据隐私和安全性，又能够降低成本和实现弹性扩展。然而，混合云部署需要同时管理维护私有云和公有云的环境，对运维团队的要求较高。

（三）云计算平台部署的注意事项

在部署云计算平台之前，企业需要进行环境准备工作。这包括准备硬件设备、网络连接、操作系统和其他必要的软件。确保环境符合平台的要求，以保证平台的性能和可靠性。

将现有的数据迁移到云计算平台是一个重要的步骤。企业应制定合适的数据迁移计划，确保数据的安全性和完整性。选择合适的工具和方法来迁移数据，并及时进行验证和测试，以确保数据的正确性。将企业的应用程序部署到云计算平台上是关键的一步。企业需要评估应用程序的兼容性和性能需求，并相应地进行配置和优化。确保应用程序能够顺利运行，并及时进行监控和管理。

部署云计算平台后，企业需要确保平台的安全性和合规性。这包括实施访问控制、身份认证、数据加密等安全措施。同时，企业还需要建立监控和报警机制，及时发现和应对潜在的安全风险。云计算平台的运维管理是保证平台稳定运行的关键。企业应建立完善的运维管理体系，包括故障排查、性能监控、资源调度等。同时，还需要与供应商保持良好的沟通，及时反馈问题，确保问题能够得到及时解决。

第五节　营运资本管理中的信息安全与数据保护

一、信息安全在营运资本管理中的重要性

在数字化时代，信息已成为企业运营的核心资产，特别是在营运资本管理中，信息安全扮演着至关重要的角色。信息安全不仅关乎企业商业秘密的保护、客户信任的维护，还直接关联到企业的经济损失、法律风险和市场竞争力的提升。

（一）信息安全对营运资本管理的直接影响

营运资本管理涉及企业的财务决策、资金流动、成本控制等核心领域，这些领域包含了大量的商业秘密和敏感信息。一旦这些信息泄露，企业将面临巨大的商业风险。例如，竞争对手可能利用泄露的财务信息来制定针

对性的竞争策略，从而损害企业的市场地位。因此，信息安全的首要任务是保护企业的商业秘密，确保这些信息不被未经授权的人员或组织获取。在营运资本管理中，企业与客户之间的交易信息、支付记录等都属于敏感数据。如果这些信息被泄露或滥用，将严重损害客户对企业的信任。客户信任的丧失不仅会导致客户流失，还可能引发法律纠纷和声誉损害。因此，信息安全对于维护客户信任至关重要。企业需要通过严格的信息安全策略来保护客户数据的安全性和隐私性，从而赢得客户的长期信任和支持。

信息安全问题往往伴随着巨大的经济损失。例如，网络攻击可能导致企业系统瘫痪、数据丢失或篡改，进而造成业务中断、财务损失和合规风险。在营运资本管理中，任何一次信息安全事件都可能对企业的财务状况造成严重影响。因此，企业必须重视信息安全，通过加强安全防护、提高应急响应能力等措施来降低经济损失的风险。随着数据保护法规的日益完善，企业在营运资本管理中必须遵守相关的法律法规，确保信息的合法合规使用。如果企业未能履行信息安全义务，导致数据泄露或滥用，将可能面临法律诉讼和巨额罚款。因此，信息安全不仅是企业运营的需要，更是企业遵守法律法规的必然要求。

（二）信息安全在营运资本管理中的具体作用

信息安全策略的有效实施可以确保企业在面临信息安全事件时能够迅速恢复业务运行，减少业务中断的时间。例如，通过备份和恢复策略，企业可以在数据丢失或系统瘫痪时快速恢复数据和服务，从而保障业务的连续性和稳定性。这对于营运资本管理尤为重要，因为任何业务中断都可能对企业的财务状况造成严重影响。信息安全有助于确保企业数据的完整性和准确性，从而提高决策的准确性和效率。在营运资本管理中，企业需要依赖准确的数据来制定财务决策、评估投资回报和进行成本控制。如果数据被篡改或损坏，将直接影响决策的质量和效果。因此，信息安全策略必须确保数据的完整性和准确性，为企业的决策提供可靠的支持。

良好的信息安全管理体系可以增强企业的市场竞争力。在数字化时代，客户越来越注重数据安全和隐私保护。如果企业能够提供安全、可靠的信息服务，将赢得客户的信任和青睐，从而提高市场份额和竞争力。此外，信息安全还可以帮助企业避免潜在的法律风险和合规问题，降低运营成本，提高整体运营效率。

（三）如何在营运资本管理中加强信息安全

企业应制定全面的信息安全策略，明确信息安全的目标、原则、措施和责任分工。信息安全策略应涵盖数据的收集、存储、处理、传输和销毁等环节，确保信息的保密性、完整性和可用性。同时，企业还应定期对信息安全策略进行评估和更新，以适应不断变化的安全威胁和业务需求。企业应加强安全防护措施，包括网络防火墙、入侵检测系统、数据加密等，确保企业网络和数据的安全。此外，企业还应定期对员工进行信息安全培训，提高员工的安全意识和操作技能。通过加强安全防护措施和培训教育，企业可以有效防范网络攻击和数据泄露。

企业应建立应急响应机制，包括应急预案、应急演练和应急恢复等，确保在信息安全事件发生时能够迅速响应。应急预案应明确各部门的职责和协作方式，确保在事件发生时能够迅速启动应急响应流程。同时，企业还应定期进行应急演练，提高员工的应急响应能力和协作效率。通过建立应急响应机制，企业可以降低信息安全事件对企业运营的影响。企业应加强合规管理，确保信息安全策略符合相关的法律法规和行业标准。企业应定期对信息安全策略进行合规审查，确保其与最新的法律法规和行业标准保持一致。同时，企业还应加强与监管机构的沟通和协作，及时了解最新的合规要求和政策动态。通过加强合规管理，企业可以降低法律风险并提升声誉和形象。

二、信息安全风险识别与评估方法

在数字化时代，信息安全已成为企业运营不可或缺的一部分。信息安全风险识别与评估是确保企业信息系统安全性的关键环节，旨在发现潜在的安全威胁和漏洞，并提出相应的解决方案，以保护信息系统的稳定性和业务连续性。

信息安全风险识别是指通过对系统、网络、应用程序等进行评估和分析，发现其潜在的安全威胁和漏洞。风险评估则是对这些威胁和漏洞可能带来的安全风险进行量化分析，以确定其对企业信息安全的影响程度。信息安全风险识别与评估的目的是帮助企业了解其信息安全状况，发现潜在的安全威胁和漏洞，为制定有针对性的防范措施提供依据，从而提高企业的信息安全意识和能力。

（一）信息安全风险识别的常用方法

威胁建模是一种通过分析系统中存在的潜在威胁来识别安全风险的方法。它主要包括确定系统边界、识别威胁、建立攻击树和分析攻击路径等步骤。通过威胁建模，企业可以清晰地了解系统中可能存在的安全漏洞和攻击路径，为后续的安全措施制定提供依据。

漏洞扫描是一种通过自动化工具扫描系统或应用程序，发现系统的漏洞和弱点的方法。它主要包括确定扫描目标、选择扫描工具、配置扫描参数和运行漏洞扫描等步骤。漏洞扫描可以帮助企业及时发现并修复系统中的漏洞，减少安全风险。

安全测试是一种通过模拟真实攻击场景，发现系统的安全漏洞和薄弱环节的方法。它主要包括制定测试计划、进行渗透测试、进行代码审计和分析测试结果等步骤。安全测试可以帮助企业发现系统中未知的漏洞和薄弱环节，使企业可以提前采取相应措施以防范潜在攻击。

日志分析是一种通过对系统、网络或应用程序产生的日志进行分析，发现其异常行为和潜在威胁的方法。它主要包括收集日志数据、预处理日志数据、分析日志数据和发现安全事件等步骤。通过日志分析，企业可以及时发现系统中的异常行为和潜在威胁，提高系统的安全性和响应能力。

风险评估是一种通过对系统、网络或应用程序进行综合评估，确定其安全风险和潜在威胁的方法。它主要包括收集信息、评估风险、制定措施和实施改进等步骤。风险评估可以帮助企业全面了解系统中的安全风险，并为制定相应安全措施提供依据。

（二）信息安全风险评估的常用方法

信息安全风险评估方法可以分为定量分析法、定性分析法和综合分析法。

定量分析法对度量风险的所有要素赋予一定的数值，依据这些数据建立数学模型，把整个信息安全风险评估的过程和结果进行量化。然后对各项指标进行计算分析，通过这些被量化的数值对信息系统的安全风险进行评估判定。常见的定量分析法有时序序列分析法、因子分析法、决策树法、聚类分析法、熵权系数法等。定量分析法的优点是分类清楚、比较客观；缺点是容易简单化、模糊化，可能造成误解和曲解。

定性分析法不需要严格量化各项属性，只采用人为的判断，依赖于分析者的经验、直觉等一些非量化的指标，主观性很强，对风险评估者的经验要求很高。常见的定性分析法有德尔菲法、资产和脆弱评估方法等。定性分析方法的优点是可以使评估结论更全面、更深刻；缺点是主观性强，对评估者要求很高。

综合分析法是定量分析法和定性分析法的融合使用。在复杂的信息系统风险评估中，将定量分析法和定性分析法结合起来，可以更全面、更准确地评估系统中的安全风险。综合分析法可以充分利用定量分析法的客观性和定性分析法的深入性，提高评估的准确性和可靠性。

（三）信息安全风险识别与评估的实施步骤

企业应根据其业务需求和信息系统特点，明确信息安全风险识别与评估的目标和范围。这有助于确保评估工作的针对性和有效性。企业应收集系统、网络或应用程序的相关信息，包括架构、配置、漏洞等。这些信息是进行评估的基础，有助于全面了解系统的安全状况。

企业应根据评估目标和收集到的信息，选择合适的评估方法。在评估过后，企业应整理并分析评估过程中发现的安全问题，确定其对企业信息安全的影响程度。这有助于为后续的安全措施制定提供依据。根据评估结果，企业应制定相应的安全措施和防护策略。企业应按照制定的安全措施和防护策略，对系统进行改进和优化。这有助于提高系统的安全性和稳定性，降低安全风险。

三、信息安全管理体系的建立与维护

在数字化时代，信息安全已成为企业运营的核心要素之一。信息安全管理体系（Information Security Management System，ISMS）作为一套系统性的管理框架，旨在保护企业信息资产免受各种威胁、确保业务连续性，并满足法律法规要求。

（一）信息安全管理体系的基本概念

信息安全管理体系是指为建立、实施、维护和持续改进信息安全而制定的一系列政策、程序、过程和控制措施的组合。它基于风险管理原则，旨在确保信息的机密性、完整性和可用性，同时符合法律法规和行业标准的要求。ISMS 不仅关注技术层面的安全，还涉及人员管理、流程优化、合规性审查等多个方面。

（二）信息安全管理体系的重要性

ISMS 通过识别、评估和保护企业的关键信息资产，确保这些数据在存储、传输和处理过程中的安全性，防止数据泄露、篡改或丢失。信息安全事件可能导致业务中断或运营效率低下。ISMS 通过制定应急响应计划和恢复策略，确保在发生安全事件时能够迅速恢复业务运营，减少损失。

随着数据保护法规的日益严格，企业必须遵守相关法律法规。ISMS 通过制定合规性政策和程序，确保企业符合法律要求，规避法律风险。信息安全是客户选择合作伙伴的重要考量因素。ISMS 通过展示企业对信息安全的重视和投入，增强客户信任，提升企业的品牌形象和市场竞争力。

（三）信息安全管理体系的建立步骤

明确企业信息安全的目标、范围和边界，确保 ISMS 与企业战略和业务需求保持一致。识别企业面临的信息安全威胁，评估潜在风险，为制定安全措施提供依据。根据风险评估结果，制定信息安全政策、程序和控制措施，明确员工职责和权限。

按照制定的政策和程序，实施安全控制措施，如防火墙配置、加密技术、访问控制等。建立监控机制，定期测量ISMS的有效性，识别并纠正不符合项。根据监控和测量结果，对ISMS进行持续改进，优化安全措施和流程。

（四）信息安全管理体系的关键要素

信息安全政策是ISMS的基石，它阐明了企业对信息安全的承诺、目标和原则，为员工提供了行为准则。明确信息安全管理的组织结构和职责分配，确保每个部门和个人都了解自己在信息安全中的责任。

定期进行风险评估，识别潜在威胁和脆弱性，制定并实施风险管理措施。根据风险评估结果，制定具体的控制目标和措施，如数据加密、访问控制、安全审计等。定期对员工进行信息安全培训，提高员工的安全意识和技能水平。

与外部合作伙伴、供应商和客户保持沟通，共同应对信息安全挑战。建立和维护信息安全相关的文档和记录，确保信息的可追溯性和完整性。定期对ISMS进行审核和评审，确保其符合法律法规和行业标准的要求，并持续改进。

（五）信息安全管理体系的维护策略

建立持续的监控机制，跟踪信息安全环境的变化，及时更新ISMS以应对新的威胁和法规要求。定期对员工进行信息安全培训，提高员工的安全意识和技能水平，确保他们了解并遵守安全政策和程序。

制定并演练应急响应和恢复计划，确保在发生信息安全事件时能够迅速响应、有效处置并恢复业务运营。寻求第三方机构的评估和认证，如 ISO 27001 认证，以验证 ISMS 的有效性和符合性。定期进行内部审核和审计，检查 ISMS 的实施情况，识别并纠正不符合项，确保 ISMS 的持续改进。

与利益相关者（如客户、供应商、合作伙伴等）保持沟通，了解他们的信息安全需求和期望，共同提升信息安全水平。随着技术的发展和威胁的演变，不断更新和升级安全技术和设备，确保 ISMS 的先进性和有效性。

第七章 营运资本管理绩效评价

第一节 营运资本管理绩效评价指标

一、营运资本周转率的计算与分析

营运资本周转率是指企业在一定时期内营运资本的周转次数,它反映了企业每投入1元营运资本所能获得的销售收入。营运资本周转率是企业财务管理的重要指标,它反映了企业利用营运资本进行日常运营的效率。通过对营运资本周转率的计算与分析,企业可以了解自身营运资本的运用情况,进而优化资本配置,提高资金使用效率,增强企业的盈利能力和市场竞争力。

(一)营运资本周转率的计算方法

营运资本周转率的计算公式为:营运资本周转率=销售收入净额÷营运资本平均余额。

其中,营运资本平均余额=(年初营运资本+年末营运资本)÷2。

销售收入净额是指企业在一定时期内的主营业务收入净额,即扣除销售折扣、折让和退货后的销售收入。

（二）营运资本周转率的影响因素

营运资本周转率受多种因素影响，主要包括市场需求、生产效率、供应链管理、信用政策等。

市场需求的变化直接影响企业的销售收入和存货周转率。当市场需求旺盛时，企业销售收入增加，存货周转速度加快，营运资本周转率提高；反之，市场需求疲软时，企业销售收入减少，存货积压，营运资本周转率下降。生产效率的提高可以缩短生产周期，减少在产品和产成品的库存，加快存货周转速度，从而提高营运资本周转率。

良好的供应链管理可以确保原材料和零部件的及时供应，减少库存积压和缺货成本，提高存货周转率，进而提升营运资本周转率。企业的信用政策直接影响应收账款的回收速度和坏账损失。宽松的信用政策可能增加销售额，但也会延长应收账款的回收周期，降低营运资本周转率；严格的信用政策则可能减少销售额，但有助于加快应收账款的回收，提高营运资本周转率。

（三）营运资本周转率的分析步骤

根据公式计算企业一定时期内的营运资本周转率，并与历史数据、行业平均水平进行对比，分析企业营运资本的运用效率。

营运资本周转率由存货周转率、应收账款周转率和应付账款周转率组成。通过分析这些构成要素，可以了解企业在存货管理、应收账款管理和应付账款管理方面的效率和风险。其中：

存货周转率＝销售成本 ÷ 平均存货；

应收账款周转率＝销售收入净额÷平均应收账款；

应付账款周转率＝采购成本÷平均应付账款。

结合市场需求、生产效率、供应链管理和信用政策等因素，分析营运资本周转率的变化原因和趋势。根据分析结果，制定针对性的改进措施，如优化库存管理、加强应收账款催收、调整信用政策等，以提高营运资本周转率。

（四）营运资本周转率的实际应用

通过计算和分析营运资本周转率，企业可以了解自身营运资本的运用效率，进而优化资本配置，将有限的营运资本投入到效益更高的项目中，提高资金使用效率。营运资本周转率的提高意味着企业能够更快地回收资金，减少资金占用时间，从而降低资金成本，提高企业的盈利能力。

高效的营运资本周转率有助于企业快速响应市场需求，提高客户满意度，增强市场竞争力。营运资本周转率还可以作为判断企业短期偿债能力的辅助指标。一般而言，营运资本周转率越高，说明企业营运资本的运用效率越高，此时即使企业的流动比率或速动比率较低，但由于营运资本周转速度快，企业的偿债能力仍然能够保持较高的水平。

二、营运资本现金周转期的衡量与优化

营运资本现金周转期（Cash Conversion Cycle，CCC）是企业财务管理的关键绩效指标，它衡量了企业从投入现金购买原材料到通过销售收回现金的全过程所需的时间。CCC 的长短直接影响企业的资金流动性和盈利能力，因此，对其进行有效的衡量与优化是企业提升运营效率、降低资金成

本的重要手段。

（一）营运资本现金周转期的计算方法

营运资本现金周转期是一个综合指标，它通常由存货周转天数、应收账款周转天数和应付账款周转天数三个部分组成。计算公式为：营运资本现金周转期＝存货周转天数＋应收账款周转天数－应付账款周转天数。

存货周转天数反映了企业存货从入库到销售所需的时间，计算公式为：存货平均余额÷销售成本×360天（或根据实际天数计算）。

应收账款周转天数衡量了企业应收账款回收的速度，计算公式为：应收账款平均余额÷销售收入净额×360（天）。应付账款周转天数反映了企业支付供应商款项的时间，计算公式为：应付账款平均余额÷采购成本×360天。

（二）营运资本现金周转期的影响因素

营运资本现金周转期的长短受多种因素影响，主要包括市场需求、生产效率、供应链管理、信用政策、产品特性等。

市场需求的变化直接影响企业的销售和存货水平。当市场需求旺盛时，企业销售速度加快，存货周转天数减少；反之，市场需求疲软时，企业销售速度放缓，存货积压，存货周转天数增加。生产效率的提高可以缩短生产周期，减少在产品和产成品的库存，从而降低存货周转天数。

良好的供应链管理可以确保原材料和零部件的及时供应，减少库存积压和缺货成本，同时，与供应商的紧密合作也可能延长应付账款的支付期限，减少应付账款周转天数。企业的信用政策直接影响应收账款的回收速度和坏账损失。宽松的信用政策可能增加销售额，但也会延长应收账款的回收周期，增加应收账款周转天数；严格的信用政策可能减少销售额，但有助于加快应收账款的回收速度，减少应收账款周转天数。不同产品的生产周期、销售周期和保质期不同，这些特性直接影响企业的存货周转天数。

（三）营运资本现金周转期的优化策略

（1）优化库存管理。通过实施精益生产、准时化生产等先进的生产管理方式，减少在产品和产成品的库存，缩短生产周期，加快存货周转速度。同时，利用现代信息技术，如物联网、大数据等，提高库存管理的精确性和及时性，避免库存积压和缺货现象。

（2）加强应收账款管理。制定严格的信用政策，对客户进行信用评估，确保销售款项的及时回收。同时，建立完善的应收账款催收机制，采用电话催收、法律诉讼等多种手段，加快应收账款的回收速度。

（3）优化供应链管理。与供应商建立长期稳定的合作关系，通过集中采购、联合采购等方式降低采购成本。同时，与供应商协商延长应付账款的支付期限，减少应付账款周转天数。此外，利用现代信息技术，提高供应链管理的透明度和协同性，确保原材料和零部件的及时供应。

（4）提升生产效率。通过引进先进的生产设备和技术，提高生产自动化程度，降低生产成本。同时，加强员工培训，提高员工技能水平，提升生产效率。

（5）调整产品结构。根据市场需求和竞争态势，调整产品结构，开发适销对路的产品，提高产品附加值，加快产品销售速度，缩短销售周期。

（四）营运资本现金周转期的实际应用

通过计算和分析营运资本现金周转期，企业可以了解自身资金流动的特点，制定合理的资金规划，确保企业运营的连续性和稳定性。优化营运资本现金周转期可以降低企业的资金成本，提高资金使用效率，从而降低企业的运营成本，提高企业的盈利能力。

通过监控和分析营运资本现金周转期的变化，企业可以及时发现潜在的资金风险，如存货积压、应收账款坏账等，并采取相应的措施进行防范和应对。营运资本现金周转期可以作为企业绩效评价的一个重要指标，通过与历史数据、行业平均水平等进行对比，评估企业运营效率的高低，为制定改进措施提供依据。

三、营运资本管理绩效的综合评价指标

营运资本管理绩效是企业财务管理的核心内容之一，它直接关系到企业的资金流动性、偿债能力和盈利能力。为了全面、客观地评价企业的营运资本管理绩效，需要建立一套科学、系统的综合评价指标体系。

（一）资金周转率

资金周转率指资金循环使用的速度，是衡量企业资金使用效率的重要指标。资金周转率越高，说明企业资金使用效率越高、使用能力越强。资金周转率的计算方法通常为：营业收入÷平均总资产（或营运资本），其中平均总资产（或营运资本）是指一定时期内总资产（或营运资本）的平均值。

资金周转率的高低不仅反映了资金使用的效率，还体现了企业运营管理的水平。通过提高资金周转率，企业可以加快资金的循环速度，降低资金占用成本，提高盈利能力。因此，资金周转率是企业营运资本管理绩效的重要评价指标之一。

（二）现金比率

现金比率是指企业现金及现金等价物与流动负债的比率，是衡量企业偿债能力的重要指标。现金比率越高，说明企业偿债能力越强，反之则说明企业偿债能力较弱。现金比率的计算方法通常为：现金及现金等价物÷流动负债。

现金比率的高低直接关系到企业的资金流动性和偿债能力。当企业面临短期偿债压力时，现金比率较高的企业能够更容易地通过出售现金等价物或向银行借款等方式筹集资金，从而避免资金链断裂的风险。因此，现金比率也是企业营运资本管理绩效的重要评价指标之一。

（三）营运资金周转周期

营运资金周转周期是指企业从购买原材料到销售产品所需的时间，是衡量企业流动资金使用速度的重要指标。营运资金周转周期越短，说明企业流动资金使用效率越高。营运资金周转周期的计算方法通常为：平均存货期＋平均应收账款收回期－平均应付账款支付期。

营运资金周转周期的长短反映了企业资金使用的灵活性和效率。通过缩短营运资金周转周期，企业可以加快资金的回收速度，降低资金占用成本，提高盈利能力。因此，营运资金周转周期也是企业营运资本管理绩效的重要评价指标之一。

（四）净营运资本

净营运资本是指企业处于正常生产经营状态下所需的最低资金，是企业经营风险的重要指标。净营运资本的计算方法通常为：流动资产－流动负债。

净营运资本的高低反映了企业资金流动性的强弱和抵御经营风险能力的高低。当企业面临市场波动或经营困难时，净营运资本较高的企业能够更容易地通过调整资金结构、优化资源配置等方式应对风险，保持经营的稳定性。因此，净营运资本也是企业营运资本管理绩效的重要评价指标之一。

（五）资金结构

资金结构是指企业资产不同部分所占比例，是衡量企业资产配置合理性的重要指标。良好的资金结构可以降低企业财务风险，提高企业抵御风险的能力。合理的资金结构可以提高企业的盈利能力和发展能力。

资金结构的优化需要从多个方面入手，包括调整债务比例、优化股权结构、提高资产质量等。通过优化资金结构，企业可以降低融资成本，提高资金使用效率，增强企业的竞争力和盈利能力。因此，资金结构也是企业营运资本管理绩效的重要评价指标之一。

（六）其他综合评价指标

除了以上几个主要指标外，还可以结合企业的实际情况，引入其他综合评价指标来全面评价企业的营运资本管理绩效。例如：

（1）应收账款周转率。衡量企业应收账款回收速度的重要指标，计算公式为：销售收入净额÷平均应收账款。应收账款周转率越高，说明企业应收账款回收速度越快、资金占用成本越低。

（2）存货周转率。反映企业存货管理效率的重要指标，计算公式为：销售成本÷平均存货。存货周转率越高，说明企业存货管理效率越高、资金占用成本越低。

（3）财务杠杆系数。衡量企业财务风险的重要指标，财务杠杆系数越高，说明企业财务风险越大，需要谨慎管理。

（4）资产负债率。反映企业资产与负债之间关系的指标，计算公式为：负债总额÷资产总额。资产负债率越高，说明企业负债比例越高、财务风险越大。

（5）现金流量比率。衡量企业现金流量状况的重要指标，计算公式为：经营活动产生的现金流量净额÷流动负债。现金流量比率越高，说明企业现金流量状况越好、偿债能力越强。

第二节 营运资本管理绩效评价体系的构建

一、营运资本管理绩效评价体系的构建原则与流程

营运资本管理绩效评价体系是企业财务管理的关键环节，它直接关系到企业的资金流动性、偿债能力和盈利能力。一个科学、合理的营运资本管理绩效评价体系，不仅能够帮助企业全面了解自身的营运资本管理状况，还能够为企业提供决策支持。

（一）营运资本管理绩效评价体系的构建原则

企业开展的一切业务活动都是以获得利润为目标的，企业生产经营活动的最终目的是使收益最大化。在资金的流转过程中实现收益，是企业财

务管理的核心目标之一。营运资本管理作为企业财务管理的重要组成部分，其绩效评价应关注收益性，即判断营运资本管理取得经济收益的能力。通过收益性评价，可以了解营运资本管理对企业整体经济效益的贡献程度。营运资本的良好运转能够维持企业平稳有序的发展，一旦营运资本管理出现问题，企业就可能会面临一定的风险。因此，风险性评价也是营运资本管理绩效评价的重要部分。通过风险性评价，可以了解企业营运资本管理是否存在潜在的问题，以及目前的资本结构是否可能会使企业面临债务风险。这有助于企业及时发现并应对潜在的资金风险，确保企业的稳健发展。

营运资本因其流动性极强而被视为企业财务管理的重中之重。企业得以良好运转需要保证营运资本的流动性，以便在面对市场环境变化时能够及时做出调整。因此，在评价营运资本管理绩效时，应遵循流动性原则。通过流动性评价，可以了解企业营运资金的周转速度和利用效率，从而判断企业资金的流动性是否足以应对市场变化。营运资本管理绩效评价体系的构建还应遵循系统性原则。这意味着评价体系应涵盖营运资本管理的各个方面，包括资金筹集、资金运用、资金回收和资金分配等。同时，评价体系还应考虑不同指标之间的内在联系和相互影响，以确保评价的全面性和准确性。

可比性原则要求营运资本管理绩效评价体系应具有横向和纵向的可比性。横向可比性是指不同企业之间的营运资本管理绩效可以进行比较，以便了解企业在行业中的竞争地位。纵向可比性是指同一企业在不同时间段的营运资本管理绩效可以进行比较，以便了解企业绩效的变化趋势。通过可比性评价，企业可以明确自身的优势和不足，为制定改进策略提供依据。可操作性原则要求营运资本管理绩效评价体系应具有实际可行性。这意味着评价体系中的各项指标应易于获取、计算和理解，以便企业能够方便地进行绩效评价。同时，评价体系还应具有足够的灵活性，以适应企业不同发展阶段和市场环境的变化。

（二）营运资本管理绩效评价体系的构建流程

首先，企业需要明确营运资本管理绩效评价的目标和重点。这包括确定评价的具体内容、范围和目的，以及需要关注的关键指标。例如，企业可以关注营运资本的周转速度、利用效率、偿债能力和盈利能力等方面。在此基础上，企业可以进一步细化评价指标，如资金周转率、现金比率、应收账款周转率、存货周转率等。在确定了评价目标和指标后，企业需要建立相应的评价标准和指标体系。这包括制定各项指标的计算方法、取值范围和评分标准等。评价标准的制定应充分考虑企业的实际情况和行业特点，以确保评价的准确性和有效性。同时，指标体系应具有层次性和结构性，以便企业能够全面、系统地了解营运资本管理的各个方面。

接下来，企业需要确定营运资本管理绩效评价的方法和周期。评价方法包括定量分析和定性分析两种。定量分析主要基于财务指标，如资金周转率、现金比率等。定性分析则主要基于非财务指标，如客户满意度、员工满意度等。评价周期应根据企业的实际情况和需求进行确定，可以是月度、季度或年度等。通过定期评价，企业可以及时了解营运资本管理的绩效状况，并采取相应的改进措施。为了确保营运资本管理绩效评价的有效实施，企业需要建立相应的评价机制和责任制度。评价机制包括明确评价流程、职责分工和报告制度等。责任制度则要求企业明确各级管理人员在营运资本管理绩效评价中的职责和权限，并确定相应的奖惩措施。通过建立评价机制和责任制度，可以确保评价的客观性和公正性，提高评价的准确性和有效性。

在建立了评价标准和指标体系后，企业需要按照既定的方法和周期开展营运资本管理绩效评价。在评价过程中，企业应根据相关的数据资料进行计算和分析。同时，企业还应关注评价结果的可靠性和有效性，确保评价结果的准确性和可信度。在评价结束后，企业应对评价结果进行深入的分析和总结，了解营运资本管理的优势和不足，为制定改进策略提供依据。最后，企业需要根据评价结果制定相应的改进措施，并持续优化营运资本管理绩效评价体系。改进措施可以包括优化资金结构、提高资金利用效率、加强风险控制等方面。同时，企业还应关注市场环境的变化和行业的发展趋势，及时调整评价标准和指标体系，以适应企业发展的需要。通过持续改进和优化，企业可以不断提高营运资本管理的绩效水平，为企业的可持续发展提供有力保障。

二、营运资本管理绩效评价标准的制定与调整

营运资本管理绩效评价标准的制定与调整直接关系到企业资金运用的效率、风险控制和盈利能力。科学、合理的评价标准体系能够准确反映企业营运资本管理的绩效，为管理层提供决策依据，并引导企业持续优化资金结构，提升财务表现。

（一）营运资本管理绩效评价标准的制定原则

评价标准应基于科学的理论和方法，以确保评价结果的客观性和准确性。这要求评价标准的设定需充分考虑营运资本管理的本质特征，如资金的流动性、安全性和收益性等，以及企业所处行业的特点和市场环境。评价标准应覆盖营运资本管理的各个方面，包括资金筹集、使用、回收和分配等关键环节，确保评价的全面性和系统性。同时，还应关注不同评价指

标之间的内在联系和相互影响，形成相互补充、相互制约的评价体系。

评价标准应具有横向和纵向的可比性，便于企业内外部的比较和分析。横向可比性要求评价标准能够反映企业在行业中的竞争地位，纵向可比性则要求评价标准能够反映企业历史绩效的变化趋势。评价标准应具有一定的灵活性和适应性，能够根据企业实际情况和市场环境的变化进行调整和优化。这要求评价标准在制定时留有足够的空间，以应对未来可能出现的新情况和新问题。评价标准应具有实际可行性，便于企业操作。这要求评价标准的设定应充分考虑数据的可获得性、计算的简便性和理解的直观性，以降低评价成本并提高评价效率。

（二）营运资本管理绩效评价标准的内容

营运资本管理绩效评价标准的内容应涵盖以下几个方面：

1. 资金流动性指标

如资金周转率、现金比率等，用于衡量企业资金的流动性和变现能力。这些指标能够反映企业资金运用的灵活性和效率，是评价企业偿债能力的重要指标。

2. 资金安全性指标

如资产负债率、流动比率等，用于衡量企业资金的安全性和稳定性。这些指标能够反映企业资金结构的合理性和风险控制能力，是评价企业财务稳健性的重要依据。

3. 资金收益性指标

如总资产收益率、净资产收益率等，用于衡量企业资金的盈利能力和经济效益。这些指标能够反映企业资金运用的效率和效果，是评价企业盈利能力的重要指标。

4. 资金效率指标

如应收账款周转率、存货周转率等，用于衡量企业资金在特定领域的使用效率和效果。这些指标能够反映企业资金在销售、生产等环节的流转速度和利用效率，是评价企业运营效率的重要依据。

（三）营运资本管理绩效评价标准的制定方法

通过分析企业历史财务数据，确定各项评价指标的合理取值范围和评分标准。这种方法能够反映企业过去的绩效水平，为制定评价标准提供数据支持。通过对比同行业其他企业的财务数据，确定各项评价指标的行业平均水平。这种方法能够反映企业在同行业中的竞争地位，为制定具有竞争力的评价标准提供依据。

邀请财务、会计、经济等领域的专家进行咨询和评估，确定各项评价指标的合理性和可行性。这种方法能够充分利用专家的专业知识和经验，提高评价标准的科学性和准确性。综合运用历史数据分析法、行业对比法和专家咨询法等方法，形成全面、系统的评价标准体系。这种方法能够综合考量各种因素，确保评价标准的全面性和科学性。

（四）营运资本管理绩效评价标准的调整策略

企业应定期对营运资本管理绩效评价标准进行评估和调整，以适应市场环境的变化和企业发展的需要。评估和调整的内容包括评价指标的合理性、评分标准的准确性和评价体系的完整性等。建立营运资本管理绩效评价标准的动态调整机制，根据企业实际情况和市场环境的变化，及时调整评价指标的取值范围和评分标准。这要求企业密切关注市场动态和竞争对手的动向，保持评价的竞争力和有效性。

建立营运资本管理绩效评价标准的反馈与改进机制，鼓励员工和管理层积极参与评价过程，提出改进意见和建议。通过反馈与改进机制，不断完善评价标准体系，提高评价的准确性和有效性。企业应持续优化营运资本管理绩效评价标准，积极引入新的评价方法和工具，提高评价的智能化和自动化水平。同时，还应关注财务管理领域的新趋势和新发展，及时将新的理念和方法融入评价标准体系中，保持评价的先进性和前瞻性。

第三节 营运资本管理绩效评价结果的反馈与应用

一、营运资本管理绩效评价结果的沟通与反馈机制

营运资本管理绩效评价结果的沟通与反馈确保了评价结果的透明性、准确性和有效性，同时也为企业提供了持续改进的机会。一个有效的沟通与反馈机制，能够促进信息的流动与共享，增强团队间的协作与信任，推动企业实现更高效的营运资本管理。

（一）沟通与反馈机制的重要性

有效的沟通与反馈机制能够确保营运资本管理绩效评价结果的透明度，让每位员工都了解评价的过程、标准和结果，减少误解和猜疑，增强企业的凝聚力和向心力。通过沟通与反馈，管理层可以更加准确地了解营运资本管理的实际情况，及时识别问题和挑战，从而制定更加科学、合理的决策，提升企业的运营效率和市场竞争力。

及时的反馈和认可能够激发员工的积极性和创造力,增强员工的归属感和责任感。当员工看到自己的努力和贡献得到认可时,他们会更加积极地投入到工作中,为企业的长远发展贡献力量。沟通与反馈机制为企业提供了一个持续改进的平台。通过不断分析评价结果,企业可以发现管理的不足之处,并采取措施进行改进,实现营运资本管理的持续优化。

(二)沟通与反馈机制的构建原则

评价结果应及时反馈给相关人员,以便他们及时了解自己的工作表现,并根据反馈进行调整和改进。反馈的信息应准确无误,避免产生误解和误导。评价结果的沟通应基于客观、公正的数据,确保信息的真实性和可靠性。反馈应针对具体的评价结果,提出具体的改进建议,帮助员工明确自己的工作目标和努力方向。

沟通与反馈机制应鼓励员工的积极参与,让他们有机会表达自己的意见和建议,共同推动营运资本管理的持续改进。在沟通与反馈过程中,应保护员工的隐私和权益,避免泄露敏感信息,确保评价结果的保密性和安全性。

(三)沟通与反馈机制的实施步骤

在评价结束后,企业应制定详细的沟通计划,明确沟通的时间、地点、方式和内容,确保评价的结果能够及时、准确地传达给相关人员。企业可以组织专门的沟通会议,邀请相关人员参加,共同讨论评价结果。会议应鼓励员工发表意见,提出改进建议,形成共识和行动计划。

除了口头沟通外,企业还应准备书面反馈报告,详细记录评价结果、问题和改进建议。报告应清晰明了,便于员工理解和查阅。针对不同部门和岗位的员工，企业应提供个性化的反馈。这包括具体的评价结果、优点和不足、改进建议以及未来的发展机会等。个性化的反馈有助于员工更加清晰地了解自己的表现和发展方向。沟通与反馈不应止步于一次会议或一份报告。企业应建立跟踪与改进机制，定期对评价结果的反馈进行回顾和总结，确保改进措施得到有效实施，问题得到及时解决。

（四）沟通与反馈机制的优化策略

企业应积极营造开放、包容的反馈文化，鼓励员工敢于表达自己的意见和建议。通过定期举办反馈会、座谈会等活动，激发员工的参与热情，提高反馈的积极性和有效性。企业应加强对员工的培训和教育，提高他们对营运资本管理绩效评价结果的理解和认识。通过培训，员工可以更加准确地把握评价标准和方法，更好地应对评价结果和反馈。

企业应充分利用信息化手段，如内部网络平台、电子邮件等，提高沟通与反馈的效率和便捷性。通过信息化手段，企业可以更加及时、准确地传递评价结果和反馈信息，减少沟通成本和时间。企业应建立与营运资本管理绩效评价结果相挂钩的激励机制，对表现优秀的员工进行表彰和奖励。通过激励机制，可以激发员工的积极性和创造力，推动营运资本管理的持续改进和优化。企业应定期对沟通与反馈机制进行评估和改进，根据实际情况和员工反馈，调整沟通的方式、内容和频率，确保机制的有效性和适应性。通过持续改进，不断完善沟通与反馈机制，为企业的长远发展提供有力保障。

二、营运资本管理绩效评价结果在薪酬激励中的应用

营运资本管理绩效评价结果是衡量企业资金运营效率、风险控制能力

和盈利能力的重要指标。将这些评价结果应用于薪酬激励中，不仅可以激发员工的积极性和创造力，提升企业的整体绩效，还能引导员工关注营运资本管理的关键要素，促进企业的可持续发展。

（一）营运资本管理绩效评价结果在薪酬激励中的重要性

将营运资本管理绩效评价结果与薪酬激励相结合，能够激发员工的积极性和创造力。员工如果知道自己的工作表现会直接影响薪酬水平，将会更加努力地提升营运资本管理效率，为企业创造更多价值。营运资本管理绩效评价结果通常与企业的战略目标紧密相连。将这些结果应用于薪酬激励中，可以确保员工的努力方向与企业的战略目标保持一致，推动企业长期发展。

营运资本管理涉及多个部门和岗位的协同合作。将评价结果应用于薪酬激励中，可以鼓励员工加强团队协作，共同提升营运资本管理绩效，实现整体利益最大化。通过薪酬激励，企业可以引导员工关注营运资本管理的关键要素，如资金流动性、安全性和收益性等。这有助于企业优化资源配置，提高资金使用效率，降低运营成本。

（二）营运资本管理绩效评价结果在薪酬激励中的应用原则

薪酬激励应基于营运资本管理绩效评价结果的公平性，确保每位员工的努力和贡献都能得到公正的评价和回报。这有助于维护员工的信任和忠诚度，提高企业的凝聚力。薪酬激励应具有足够的吸引力，能够激发员工的积极性和创造力。企业应设定合理的薪酬水平，确保员工在获得物质回报的同时，也能感受到自身的价值和成就感。

薪酬激励方案应具有实际可行性，便于企业实施和操作。企业应制定详细的薪酬计算方法和支付流程，确保激励方案的透明度和公正性。薪酬激励应与企业战略目标保持一致，具有持续性和稳定性。企业应定期对薪酬激励方案进行评估和调整，确保激励效果与营运资本管理绩效评价结果相匹配。

（三）营运资本管理绩效评价结果在薪酬激励中的实施步骤

企业应根据营运资本管理的关键要素，设定具体的评价指标，如资金周转率、现金比率、资产负债率等。这些指标应能够全面反映营运资本管理的绩效水平。企业应根据历史数据、行业标准和企业战略目标，制定具体的评价标准。评价标准应具有客观性和可衡量性，确保评价结果的准确性和公正性。

企业应定期对营运资本管理绩效进行评价，收集相关数据和信息，计算各项评价指标的得分。评价结果应客观、公正地反映员工的努力和贡献。企业应根据评价结果，设计合理的薪酬激励方案。薪酬激励方案应综合考虑员工的岗位、职责、绩效以及企业的战略目标，确保激励方案的针对性和有效性。

企业应按照薪酬激励方案，对表现优秀的员工进行奖励。奖励可以包括奖金、股票期权等多种形式，以满足员工的不同需求。同时，企业还应与员工进行反馈沟通，了解他们的意见和建议，不断完善薪酬激励方案。

（四）营运资本管理绩效评价结果在薪酬激励中应用的注意事项

薪酬激励应适度，避免过度激励导致员工过分追求短期利益，忽视企业的长期发展。企业应设定合理的薪酬水平，确保激励效果与营运资本管理绩效评价结果相匹配。薪酬激励方案应关注员工的不同需求，提供多样化的激励方式。企业应了解员工的期望和诉求，制定符合员工需求的薪酬激励方案，提高员工的满意度和忠诚度。

企业应加强与员工的沟通与反馈，确保薪酬激励方案的透明度和公正性。通过定期沟通，企业可以了解员工的意见和建议，不断完善薪酬激励方案，提高激励效果。薪酬激励应关注团队协作和整体利益。企业应鼓励员工加强团队协作，共同提升营运资本管理绩效。同时，企业还应关注团队绩效的激励作用，确保团队的整体利益得到保障。薪酬激励方案应与企业战略目标保持一致，具有持续性和稳定性。

三、营运资本管理绩效评价结果在职位晋升中的应用

营运资本管理绩效评价结果作为衡量企业财务健康状况和运营效率的重要指标，不仅影响着企业的整体绩效，也直接关系到员工的个人发展和职业晋升。将营运资本管理绩效评价结果纳入职位晋升的考量体系，有助于激发员工的潜能，提升团队的整体效能，同时确保企业战略目标的有效实现。

（一）营运资本管理绩效评价结果在职位晋升中的重要性

将营运资本管理绩效评价结果作为职位晋升的依据之一，可以激励员工不断提升自己的专业技能和管理能力，以适应更高层次的工作要求。这种正向激励机制有助于员工个人成长和职业发展。通过营运资本管理绩效评价结果的引导，企业可以选拔出具有优秀财务管理能力和战略眼光的员工，将他们提升到更高层次的职位上，从而带动整个团队效能的提升。

营运资本管理绩效评价结果反映了企业在资金运营、成本控制、风险

管理等方面的表现。将这些结果纳入职位晋升的考量,可以确保晋升的员工具备推动企业实现战略目标的能力,从而保障企业的长期稳定发展。优秀的营运资本管理能力是企业竞争力的重要组成部分。将这一能力作为职位晋升的考量标准,有助于企业选拔出具备高度责任感和创新精神的员工,为企业的持续发展注入新的活力。

(二)营运资本管理绩效评价结果在职位晋升中的应用原则

在职位晋升决策中,应确保营运资本管理绩效评价结果的公平性和客观性。所有员工都应享有平等的晋升机会,避免主观偏见和歧视。营运资本管理绩效评价结果应作为职位晋升的参考之一。企业应综合考量员工的工作表现、团队协作能力和发展潜力等因素,做出全面、合理的晋升决策。

将营运资本管理绩效评价结果与职位晋升挂钩,可以激发员工的积极性和创造力。企业应设定明确的晋升标准和奖励机制,让员工看到努力的方向和成果。企业应公开营运资本管理绩效评价结果的计算方法和标准,确保员工对晋升决策的透明度和公正性有充分的了解。这有助于增强员工的信任感和归属感。

(三)营运资本管理绩效评价结果在职位晋升中的实施步骤

企业应根据营运资本管理的关键要素,设定具体的评价标准。这些标准应涵盖资金周转率、成本控制、风险管理等方面,确保评价的全面性和准确性。评价结果应客观、公正地反映员工的工作表现。

企业应对营运资本管理绩效评价结果进行深入分析,识别出表现优秀的员工和潜在的晋升机会。同时,也应关注评价结果反映出的问题,为后续的改进提供依据。根据营运资本管理绩效评价结果和企业的战略目标,企业应编制具体的晋升计划。晋升计划应明确晋升的岗位、人数、标准和时间表，确保晋升决策的规范性和可操作性。

企业应按照晋升计划，对符合条件的员工进行晋升。晋升决策应公开、透明，确保员工的知情权和参与权。同时，企业还应与员工进行充分的沟通，解释晋升决策的依据。企业应定期对晋升后的员工进行跟踪和评估，了解他们在新的职位上的表现和发展情况。同时，企业还应收集员工的反馈意见，不断完善晋升决策机制，确保晋升决策的有效性和可持续性。

（四）营运资本管理绩效评价结果在职位晋升中的潜在挑战与应对策略

营运资本管理绩效评价结果可能受到评价者主观因素的影响，导致评价结果的公正性和准确性受到质疑。为应对这一挑战，企业应建立科学的评价体系和严格的评价流程，确保评价结果的客观性和公正性。部分员工可能对晋升决策产生不满或抵触情绪，认为晋升决策不公平或不合理。为应对这一挑战，企业应加强与员工的沟通和解释工作，确保员工对晋升决策的依据和理由有充分的了解。同时，企业还应建立申诉机制，为员工提供表达意见和申诉的渠道。

晋升后的员工可能面临新的工作环境和工作要求，需要一定的时间来适应。为应对这一挑战，企业应提供必要的培训和支持，帮助员工快速适应。同时，企业还应关注员工的心理变化，及时给予关怀和鼓励。晋升决策应与企业战略目标保持一致，具有可持续性和稳定性。为应对这一挑战，企业应定期对晋升决策进行评估和调整，确保晋升决策与营运资本管理绩效评价结果相匹配。同时，企业还应关注市场环境的变化和行业的发展趋势，不断优化晋升决策机制，以适应企业的发展需求。

第四节　营运资本管理绩效评价中的激励与约束机制

一、营运资本管理激励与约束机制的设计原则、目标与实施策略

营运资本管理作为企业财务管理的重要组成部分，直接关系到企业资金的流动性、盈利能力和风险控制能力。为了优化营运资本管理，设计合理有效的激励与约束机制至关重要。

（一）营运资本管理激励与约束机制的设计原则

公平性与透明性是设计激励与约束机制的首要原则。公平性体现在机制对所有员工的适用性和公正性上，每个人都能在相同条件下获得相应的激励或受到相应的约束。透明性则要求机制的设计和实施过程公开透明，避免信息不对称和暗箱操作，增强员工的信任感和归属感。激励与约束机制应与企业的整体战略目标保持一致，确保各层次、各部门的目标与企业的总体目标相协调。这种一致性有助于形成合力，推动企业目标的实现。同时，机制内部各要素之间也应相互协调，避免冲突和矛盾，确保机制的顺畅运行。

市场环境和企业内部条件的变化要求机制具有足够的灵活性和适应性。这意味着机制能够根据实际情况进行调整和优化，以适应外部环境和内部需求的变化。灵活性还体现在机制能够针对不同员工的不同需求和特点，提供个性化的激励和约束方案。营运资本管理的激励与约束机制应兼顾长期和短期目标。短期目标关注企业的当前运营效率和盈利能力，而长期目

标则关注企业的可持续发展和竞争力。通过将两者结合，可以确保企业在追求短期利益的同时，不会忽视长期战略目标。激励与约束是相辅相成的两个方面。激励能够激发员工的积极性和创造力，提高企业的运营效率；约束则能够规范员工的行为，防止不当行为的发生。因此，在设计机制时，应确保激励与约束并重，形成有效的平衡。

（二）营运资本管理激励与约束机制的目标

提高营运资本利用效率是激励与约束机制的首要目标。通过优化资金结构、提高资金周转率、降低资金占用成本等措施，企业可以更有效地利用营运资本，提高企业的盈利能力。激励与约束机制应鼓励员工积极参与营运资本管理，提高资金利用效率。财务风险是企业面临的重要挑战之一。通过设计合理的激励与约束机制，企业可以鼓励员工关注财务风险，加强风险管理和控制。例如，通过设立风险预警机制、加强内部审计和风险管理培训等措施，降低企业的财务风险。

员工是企业的重要资源，他们的积极性和创造力是企业发展的动力源泉。激励与约束机制应能激发员工的积极性和创造力，鼓励他们为企业的发展贡献智慧和力量。例如，通过设立绩效奖金、股权激励等措施，提升员工的归属感和忠诚度。企业的可持续发展是激励与约束机制的长期目标。通过设计合理的激励与约束机制，企业可以引导员工关注企业的长期发展，加强战略规划和管理。例如，通过设立长期激励计划和可持续发展培训等措施，推动企业实现可持续发展。在激烈的市场竞争中，竞争力是企业生存和发展的关键。激励与约束机制应能增强企业的竞争力，使企业在市场中立于不败之地。例如，通过设立创新奖励、优化组织结构和管理流程等措施，提高企业的创新能力和运营效率，从而增强企业的竞争力。

（三）营运资本管理激励与约束机制的实施策略

绩效考核是激励与约束机制的基础。企业应建立科学的绩效考核体系，明确各项指标的考核标准和权重，确保考核结果的公正性和准确性。同时，绩效考核体系应与企业的战略目标保持一致，确保各项指标的考核能够推动企业目标的实现。激励措施应多元化，以满足不同员工的需求。例如，对于基层员工，可以采取绩效奖金、福利补贴等措施；对于中高层管理人员，可以采取股权激励、职业发展机会等措施。通过多元化的激励措施，激发员工的积极性和创造力，提高企业的运营效率。

风险管理和内部控制是约束机制的重要组成部分。企业应加强风险管理和内部控制，建立健全的风险预警机制和内部审计制度，及时发现和纠正潜在的风险和问题。同时，企业还应加强员工的风险管理培训和教育，提高员工的风险意识和风险管理能力。沟通机制是激励与约束机制顺畅运行的重要保障。企业应建立有效的沟通机制，确保员工和管理层之间的信息畅通无阻。通过定期的沟通会议、内部通信等方式，企业可以及时了解员工的意见和建议。激励与约束机制的设计和实施是一个持续优化的过程。企业应定期对激励与约束机制进行评估和调整，根据市场环境和内部条件的变化，优化机制的设计和实施。同时，企业还应积极借鉴其他企业的成功经验和做法，不断提高激励与约束机制的有效性和适用性。

二、营运资本管理激励措施的种类、实施效果评估与注意事项

为了优化营运资本管理，企业通常采取一系列激励措施，旨在提高资金使用效率、降低财务风险，并激发员工的积极性和创造力。

（一）营运资本管理激励措施的种类

财务绩效激励是营运资本管理中最为常见的激励措施之一。企业通常会设定一系列与营运资本管理相关的财务指标，如资金周转率、应收账款回收率、存货周转率等，并将这些指标的完成情况与员工的绩效奖金、晋升机会等挂钩。通过财务绩效激励，企业可以激发员工对营运资本管理的重视，促使其提高资金使用效率，降低财务风险。创新激励旨在鼓励员工在营运资本管理中提出新思路、新方法，以优化资金配置并提高运营效率。企业可以设立创新奖励基金，对在营运资本管理中取得显著创新成果的员工给予奖励。此外，企业还可以通过组织创新竞赛、搭建创新平台等方式，激发员工的创新热情，推动营运资本管理的持续改进。

团队协作激励强调团队在营运资本管理中的重要性。企业可以设立团队协作奖，对在团队协作中表现突出的团队给予奖励，以鼓励员工之间的合作与交流。通过团队协作激励，企业可以打破部门壁垒，促进跨部门协作，提高营运资本管理的整体效率。培训与发展激励旨在提升员工的专业技能和职业素养，以更好地适应营运资本管理的需求。企业可以为员工提供丰富的培训资源和发展机会，如内部培训、外部培训、职业规划等。通过培训与发展激励，企业可以培养更多具备营运资本管理能力的优秀人才，为企业的长期发展奠定基础。股权激励是一种长期激励措施，旨在将员工的利益与企业的长期发展绑定。企业可以授予员工一定数量的股票期权或限制性股票，以激励员工更加关注企业的长期价值。通过股权激励，企业可以激发员工对营运资本管理的持续投入和创新精神，推动企业的可持续发展。

（二）营运资本管理激励措施的实施效果评估

在实施营运资本管理激励措施之前，企业需要明确评估目标。评估目标应与企业的战略目标保持一致，旨在衡量激励措施对营运资本管理的改善程度。评估目标可以包括提高资金周转率、降低财务风险、提升员工积极性等。为了评估营运资本管理激励措施的实施效果，企业需要设定一系列评估指标。这些指标应能够反映激励措施对营运资本管理的直接影响和间接影响。例如，资金周转率、应收账款回收率、存货周转率等财务指标可以反映激励措施对资金使用效率的改善程度；员工满意度、团队协作程度等软性指标可以反映激励措施对员工积极性和团队协作的影响。

在实施激励措施后，企业需要收集和分析相关数据，以评估激励措施的实施效果。数据收集应涵盖财务指标、运营效率指标以及员工绩效指标等方面。通过数据分析，企业可以了解激励措施对营运资本管理的具体影响，以及员工对激励措施的响应情况。在收集和分析数据后，企业需要对激励措施的实施效果进行比较和评估，将实施激励措施前后的数据进行对比，以衡量激励措施对营运资本管理的改善程度。同时，还需要将不同激励措施的实施效果进行横向比较，以找出最有效的激励方式。

评估激励措施的实施效果后，企业需要根据评估结果持续优化与调整激励措施。如果激励措施未能达到预期效果，企业需要分析原因并采取相应的改进措施。例如，调整激励力度、优化激励方式、完善评估指标等。通过持续优化与调整激励措施，企业可以确保其始终符合企业的战略目标和实际需求。

（三）实施效果评估的注意事项

在实施效果评估的过程中，企业需要确保评估结果的客观性和公正性。评估指标应能够真实反映激励措施的实施效果，避免主观臆断和偏见。同时，评估过程应公开透明，确保所有员工对评估结果有充分的了解和认可。

在评估激励措施的实施效果时，企业需要确保评估的全面性和系统性。评估应涵盖营运资本管理的各个方面，包括资金使用效率、财务风险控制、员工积极性等。同时，评估还应考虑激励措施对企业长期发展的影响，以确保评估结果的准确性和可靠性。营运资本管理激励措施的实施效果评估是一个动态过程。企业需要根据市场环境和内部条件的变化，及时调整评估指标和评估方法。同时，企业还需要保持灵活性，以应对不同激励措施可能带来的不同影响。通过动态性和灵活性的评估过程，企业可以确保激励措施始终符合企业的战略目标和实际需求。

三、营运资本管理约束机制的构建与执行监督

营运资本管理是企业财务管理的重要组成部分，直接关系到企业资金的流动性、盈利能力和风险控制。为了有效管理营运资本，企业需要构建一套完善的约束机制，并加强监督，以确保资金的安全、高效使用。

（一）营运资本管理约束机制的构建

构建营运资本管理约束机制的首要任务是明确管理目标与原则。企业应结合自身的战略目标和市场环境，制定具体的营运资本管理目标，如提高资金周转率、降低财务风险等。同时，企业还应明确管理原则，如资金使用的合规性、效益性等，以确保营运资本管理的科学性和规范性。预算

管理制度是营运资本管理约束机制的重要组成部分。企业应建立全面的预算管理体系，包括预算编制、审批、执行和考核等环节。通过预算管理，企业可以合理规划资金的使用，确保资金在各部门、各项目之间的合理分配。同时，预算管理制度还可以帮助企业监控资金的使用情况，及时发现并纠正偏差，确保资金的安全和高效使用。

内部控制体系是营运资本管理约束机制的核心。企业应建立完善的内部控制体系，包括不相容职务分离、授权审批、财产清查等制度。通过内部控制，企业可以规范资金的使用流程，防止资金被滥用或挪用。同时，内部控制体系还可以帮助企业及时发现并纠正资金管理中存在的问题，提高资金管理的透明度和规范性。风险管理是营运资本管理约束机制的重要环节。企业应建立全面的风险管理体系，包括风险识别、评估、监控和应对等环节。通过风险管理，企业可以及时发现并评估资金管理中存在的风险，并采取相应的措施进行防范和控制。同时，风险管理还可以帮助企业提高资金使用的安全性和稳定性，降低财务风险。绩效考核机制是营运资本管理约束机制的重要保障。企业应建立科学的绩效考核体系，将营运资本管理的效果纳入考核范围。通过绩效考核，企业可以激励员工积极参与营运资本管理，提高资金使用的效率和效益。同时，绩效考核还可以帮助企业及时发现并纠正员工在资金管理中的不足，提高员工的职业素养和责任感。

（二）营运资本管理约束机制的执行监督

为了确保营运资本管理约束机制的有效执行，企业应设立专门的监督机构，如内部审计部门或风险管理部门。这些机构应负责监督营运资本管理的全过程，包括预算编制、资金使用、内部控制和风险管理等方面。通过设立专门的监督机构，企业可以确保营运资本管理约束机制的落实和执行，提高资金管理的规范性和透明度。

内部审计与检查是执行监督的重要手段。企业应定期对营运资本管理进行内部审计和检查，以发现并纠正存在的问题。内部审计和检查应涵盖预算编制、资金使用、内部控制和风险管理等方面，确保资金管理的全面性和规范性。同时，企业还应建立审计和检查结果的反馈机制，及时将审计和检查中发现的问题反馈给相关部门和有关人员，并督促其进行整改。

信息沟通与反馈机制是执行监督的重要保障。企业应建立畅通的信息沟通渠道，确保各部门、各岗位之间的信息共享和沟通。通过信息沟通与反馈机制，企业可以及时发现并纠正资金管理中存在的问题，提高资金管理的效率和效益。同时，信息沟通与反馈机制还可以帮助企业加强内部协作和配合，提高整体运营效率。

培训与宣传是执行监督的辅助手段。企业应定期对员工进行相关知识的培训和宣传，提高员工对资金管理的认识程度。通过培训与宣传，企业可以培养员工的职业素养和责任感，提高员工在资金管理中的积极性和参与度。同时，培训与宣传还可以帮助企业营造良好的企业文化氛围，推动营运资本管理约束机制的落实和执行。

奖惩机制是执行监督的重要激励手段。企业应建立科学的奖惩体系，对在营运资本管理中表现突出的员工进行奖励，对存在问题的员工进行惩罚。通过奖惩机制，企业可以激励员工积极参与营运资本管理，提高资金使用的效率和效益。同时，奖惩机制还可以帮助企业及时发现并纠正员工在资金管理中的不足，提高员工的职业素养和责任感。

参考文献

[1] 吴娜. 宏观经济因素与营运资本的动态调整 [M]. 大连：东北财经大学出版社，2018.

[2] 张一飞，尚万宽. 企业价值管理：财务与资本 [M]. 北京：经济日报出版社，2019.

[3] 邵希娟. 公司资本投资决策方法与应用 [M]. 广州：华南理工大学出版社，2012.

[4] 晋自力. 财务战略：基于现代企业资本经营的新视野 [M]. 上海：上海财经大学出版社，2012.

[5] 仇玮. 企业营运资本管理与效率 [J]. 合作经济与科技，2022（5）：136-137.

[6] 程栋鹏. 技术创新、营运资本与企业研发平滑 [J]. 区域金融研究，2024（1）：84-92.

[7] 简勇辉. 我国中小企业营运资本管理存在的问题与对策 [J]. 商场现代化，2024（7）：150-152.

[8] 向明月. *ST 公司营运资本管理研究：以 *ST 金岭为例 [J]. 现代工业经济和信息化，2023，13（7）：258-262.

[9] 王文娟. 加强营运资本管理 提高供应链资金利用效率 [J]. 中国商界，

2023（7）：172-173.

[10]郭燕.不同盈利能力下营运资本持有的价值效应研究[J].中小企业管理与科技，2023（5）：67-69.

[11]赵丽琼，郑轩.营运资本管理视角下中国一重财务困境研究[J].财会通讯，2023（10）：85-91.

[12]党潇艳，胡文伟.制造业上市公司营运资本与盈利能力的相关性[J].经济研究导刊，2022（33）：110-112.

[13]丁宣译，唐婧涵，毛婧玲.营运资本政策及其盈利能力的分析研究[J].商展经济，2022（8）：133-136.

[14]田倩媛.企业营运资本管理概述[J].福建质量管理，2018（14）：10.

[15]杨海志.会计信息可比性、营运资本管理与企业现金流风险[J].财会通讯，2024（5）：43-47.

[16]李鸽，潘威.营运资本管理在商贸企业财务管理中的运用[J].环渤海经济瞭望，2021（11）：87-89.

[17]赵丽琼，赵珂.营运资本管理效率对*ST公司"摘帽"的影响研究[J].技术与市场，2024，31（1）：139-143，148.

[18]张艳秋，周行.政策不确定性、产融结合与营运资本动态调整[J].上海立信会计金融学院学报，2021，33（6）：80-91.

[19]夏春晓，年素英，魏刚.企业营运资本政策与资本成本[J].安徽科技学院学报，2019，33（3）：85-91.

[20]巫映亭，刘善球.营运资本管理对公司价值的影响：基于盈利能力

的中介效应研究[J].环渤海经济瞭望，2023（8）：88-91.

[21]吕汶骏.新能源汽车制造业营运资本管理对企业绩效的影响分析[J].现代工业经济和信息化，2023，13（8）：231-233.

[22]韩咏仪.基于供应链视角下科迪乳业营运资本管理研究[J].品牌研究，2023（2）：101-104.

[23]赵玉涵.基于OPM战略下的京东营运资本管理研究[J].品牌研究，2020（20）：193-194，228.

[24]刘晓玥.供应链视角下的企业营运资本管理研究[J].中国管理信息化，2020（16）：6-7.

[25]赖淑丽.企业营运资本管理探析[J].企业改革与管理，2017（13）：16，18.

[26]梁晨成.基于传媒企业营运资本需求的流动性思考[J].财会学习，2020（3）：185-186.

[27]李亚鑫.自然辩证法视角下的营运资本管理方法探究[J].财会学习，2020（3）：179-180.

[28]王春喜.现金流与营运资本管理[J].财会学习，2019（16）：98，101.

[29]吴良海，周银.管理层权力、公益性捐赠与营运资本管理效率[J].南京审计大学学报，2019（5）：1-11.

[30]邱渊萍.基于营运资本视角的资金管理分析：以美的电器为例[J].现代盐化工，2019（5），95-96.